ABHANDLUNGEN

AUS DEM

STAATSWISSENSCHAFTLICHEN SEMINAR

ZU

STRASSBURG i. E.

HERAUSGEGEBEN

VON

G. F. KNAPP UND W. WITTICH.

HEFT XXIII.

OTTO SOLTAU:
DIE FRANZÖSISCHEN KOLONIALBANKEN.

STRASSBURG
VERLAG VON KARL J. TRÜBNER
1907

DIE

FRANZÖSISCHEN KOLONIALBANKEN

VON

Dr. OTTO SOLTAU,

REFERENDAR.

STRASSBURG

VERLAG VON KARL J. TRÜBNER

1907

M. DuMont Schauberg, Straßburg.

LITERATURANGABE.

I. Deutsche Literatur.

1. Dr. Rosendorff: Die französischen Kolonialbanken. Bankarchiv 1904. Nr. 10.
2. Zimmermann: Kolonialpolitik. S. 252—262. Leipzig 1905.
3. Weber: Depositen und Spekulationsbanken. Leipzig 1902.
4. Dr. Hauser: Die Deutschen Überseebanken. Jena 1906.

II. Französische Literatur.

5. Renaud: Les banques coloniales. Poitiers 1899.
6. Denizet: Essai sur les banques coloniales. Paris 1899.
7. Girault: Principes de colonisation et de législation coloniale. Paris 1895.
8. Courcelle-Séneuil: Traité des opérations de banque. Paris 1896.
9. Courtois: Histoire de la banque de France. 1875.
10. Faucher: Banques coloniales. Revue des deux Mondes. 15 déc. 1850.
11. A. Courtois: Les banques coloniales. Économiste français 1874. 1er sém.
12. G. Michel: Passé et l'avenir des banques coloniales. Économiste français 1898, 1er sém.
13. Bouchié de Belle: Renouvellement du privilège des banques coloniales. Journal des Économistes. Nov. 1895.
14. Lois de 1851, 1874 et de 1901 sur les banques coloniales et statuts des banques. Moniteur universel. Journal officiel.
15. Décrets de 1875, 1888 et 1900 sur la Banque de l'Indochine et nouveaux statuts de cette banque. Journal officiel.
16. Lois sur la Banque de l'Algérie, 1851, 1868, 1880, 1900. Moniteur universel. Journal officiel.
17. Décret sur la Banque de la Nouvelle-Calédonie 1874. Journal officiel.
18. Décret de 1901 sur la Banque de l'Afrique occidentale. Journal officiel.
19. J. Leveillé (1), L. Brunet (1), Isaac (1), Leroy (1): Rapports sur le projet de loi concernant les banques coloniales. Journal officiel, documents parlementaires de la Chambre. 1897 p. 1425, 1898 p. 567, 601, 920, 1900 p. 17 et 1901 p. 1739.
20. Rapports annuels de la Commission de surveillance des banques coloniales. Journal officiel.

21. Rapports sur la Banque de l'Algérie. Journal officiel, documents parlementaires:
1851 de Bénoist d'Azy.
1879 de L. Say, Brice et Lucet.
1899 de Peytral, Moigne, Caillaux.
1900 de Moigne et Dubost.

III. Englische Literatur.

22. Summer: A history of banking in the leading nations. Volume III: The bank of Algeria and the other french colonial banks. 1896. New-York, 19 Beaver Street.

INHALTSVERZEICHNIS.

Seite.

Literaturangabe V

Einleitung: Definition. Begrenzung des Themas 1

Erstes Buch.

Die fünf alten Kolonialbanken in Martinique, Guadeloupe, Réunion Guyane und Sénégal 3

Erster Abschnitt.

Zustände vor Errichtung der Kolonialbanken, besonders in den Zuckerkolonien 3

1. Kapitel. § 1.

Die Zeit vor der Sklavenbefreiung 4

Plantagenwirtschaft. Sklaverei, pacte colonial. Kommissionäre als Kreditgeber.

Vorläufer der Kolonialbanken.

2. Kapitel. § 2.

Die Zeit nach der Sklavenbefreiung 6

Lohnzahlung, Arbeitereinfuhr. Kreditbedürfnis.

Zweiter Abschnitt.

Die Errichtung der Kolonialbanken; ihr Wesen 8

1. Kapitel. § 3.

Die Kolonialbankgesetzgebung von 1849 bis 1905 8

Art der Kapitalbeschaffung. Gründung der Banken.

Grundzug der Gesetzesänderungen 1874 und 1901. Reformen.

2. Kapitel. § 4.

Die Verfassung der Kolonialbanken 16

Sitz. Kapital. Aktien, speziell actions d'Europe. Reserven. Dividende. Generalversammlung. Verwaltungsrat. Zensoren. Inspektoren. Überwachungskommission. Die Kolonialbanken als privilegierte Privatbanken unter Staatsaufsicht

3. Kapitel.

Ihr Geschäftskreis insbesondere. Leitender Grundsatz 25

Seite.

§ 5.

Passivgeschäfte der Kolonialbanken 28

1. Die Notenausgabe.

Höhe des Notenumlaufs. Zahlungskraft der Noten. Bedeutung der Notenausgabe.

2. Die Depositengeschäfte.

Depositen zur Verwahrung, zur Verwaltung, zur Verwendung. Kontokorrent und Giroverkehr. Récépissé. Scheck.

3. Die Annahme von Zeichnungen auf öffentliche Anleihen.

§ 6.

Aktivgeschäfte der Kolonialbanken 36

1. Das Diskontgeschäft.

Voraussetzungen der Diskontierung: 2 Unterschriften, Zulassung zum Diskont, Verfallzeit. Ersatz der 2. Unterschrift.

2. Die Darlehen auf Aktien, Rentenbriefe und gewisse andere Wertpapiere.

3. Die Erntedarlehen.

Ursprung und Natur der Darlehen. Widerstreitende Interessen. Sicherung der Bank gegen den Schuldner. Vorgang bei Erteilung der Erntedarlehen. Zurückzahlung der Darlehen. Risiko der Bank. Reformvorschläge. Bedeutung der Darlehen für die Kolonie.

4. Die Warendarlehen.

Warrant. Lagerschein. Konossement. Beleihungsgrenze der Waren.

5. Die Darlehen auf Gegenstände von Gold und Silber.

Unterschied zwischen Gold und Silber. Vorteil für die kleinen Leute. Sparkassencharakter.

§ 7.

Die Wechselgeschäfte der Banken 56

Der Wechsel als internationales Zahlungsmittel. Geschäftsbeziehungen der Banken mit dem Diskontkontor in Paris. Stellung des Zentralagenten. Inanspruchnahme des Wechselkredits seitens der Kolonialbanken durch Ausgabe von Tratten und Anweisungen auf das Kontor: Sorge für Rimessen. Envois d'or natif. Tratten des kolonialen Schatzamts. Rimessenmangel. Die Wechselkursfrage. Bestimmungsgründe des Wechselkurses; seine Regelung durch die Banken. Gewinn und Verlust am Wechselgeschäft.

Seite.

Dritter Abschnitt.

Die Tätigkeit der Kolonialbanken 64

1. Kapitel. § 8.

Ihre Aufgaben 64
Ordnung des kolonialen Geldwesens. Milderung des Konjunkturenwechsels. Regelung des auswärtigen Zahlungsverkehrs. Ausreichende und billige Kreditgewährung.

2. Kapitel.

Ihre äußere Entwicklung 66

§ 9.

Beginn der Geschäftstätigkeit. Verpfändung und Verkauf der Rentenbriefe. Geschäftsbeziehungen mit der Bank von Frankreich, der Caisse de dépôts et consignations und dem Diskontkontor in Paris 66

§ 10.

Die Kolonialbanken in den Zuckerkolonien 67
1. Periode bis 1870. 2. Periode bis 1883. 3. Periode bis 1901. 4. Periode seit 1901.

§ 11.

Die Bank von Guyane 75

§ 12.

Die Bank von Sénégal bis zu ihrer Liquidation 1901 77

3. Kapitel.

Die innere Entwicklung der Kolonialbanken 78

§ 13.

Die Diskontgeschäfte 79
Gefahren. Erneuerung der Wechsel. Immobilisierung des Portefeuilles.
Die Diskontgeschäfte in Martinique. Diskontsatz.

§ 14.

Die Erntedarlehen 81
Beliebtheit. Statutenwidrig hohe Darlehen. Besondere Sicherheiten. Leihzinsfuß. Gewinn der Bank infolge Verknüpfung verschiedener Geschäfte. Risiko und Bankverluste.

§ 15.

Die Warendarlehen 83
Ihre Bedeutung für den Export und Import. Verschiedene Behandlung der Import- und Exportwaren.

Seite.

§ 16.

Die Wechselgeschäfte 84
Ihre Ausdehnung durch Rimessenangebot bestimmt. Einfluß der Produktion der Kolonie auf die Wechselgeschäfte der Bank. Geldsendungen aus Frankreich. Gefährdung des Metallvorrats der Bank durch hohe Wechselkurse. Die Spekulation. Mittel zur Linderung des Rimessenmangels. Wechselkurs und Geldumlauf der Kolonien. Kassenscheine. Geldnot.

§ 17.

Der Notenumlauf 89
Notenansammlung im kolonialen Schatzamt. Höhe des Notenumlaufs.

§ 18.

Die Depositen 90
Ihr Gegensatz zu den Noten. Höhe der Bankdepositen.

4. Kapitel.

Ergebnisse der Kolonialbanktätigkeit 91

§ 19.

Das Ergebnis für die Kolonien 91
Mißerfolg in bezug auf monoculture, absentéisme und Zahlungsbilanz. Erfolge in bezug auf Geldumlauf und Zahlungsverkehr, Kreditgewährung und Zinsfuß. Interesse der Kolonien an ihren Kolonialbanken.

§ 20.

Das Ergebnis für die Banken und ihre Aktionäre 95
Dividenden. Kapital. Verluste am Wechselkurse. Geldsendungen aus Frankreich. Opfer zugunsten der Kolonie. Vorschläge.

Zweites Buch.

Die Banken von Neukaledonien, Indochina und Westafrika . . . 99

Erster Abschnitt.

§ 21.

Die Bank von Neukaledonien 99
Gründung. Bankverfassung. Geschäftstätigkeit. Konkurs. Gründe des Mißerfolges der Bank.

Zweiter Abschnitt.

Die Bank von Indochina 102

Seite.

1. Kapitel. § 22.

Gründung der Bank; ihr Entwicklungsgang 102

Gründung. Kapital und Kapitalerhöhungen. Filialen und Geschäftsstellen.

2. Kapitel. § 23.

Gemeinsames mit den alten Kolonialbanken 103

Abhängigkeit vom Staate. Begrenzung des Geschäftskreises. Überwachungskommission.

Aufgaben. Schwierigkeiten. Rechte und Vorrechte.

3. Kapitel.

Besonderheiten der Bank von Indochina 105

§ 24.

Besonderheiten in der Bankverfassung 105

Modus der Kapitalerhöhung. Gewinnverteilung. Reservebildung. Sitz in Paris. Folgen davon. Vertretung der Aktionäre. Zusammensetzung und Befugnisse des Verwaltungsrates. Stellung der Direktoren. Diskontausschuß

§ 25.

Besonderheiten in bezug auf die Geschäfte der Bank 110

Die Notenausgabe. Verzinsliche Depositen. Die Diskontgeschäfte. Die Darlehensgeschäfte, speziell die Erntedarlehen an Kommunen.

Bankgeschäfte in Paris. Ausstellung von Kreditbriefen. Emissions- und Finanzgeschäfte.

§ 26.

Besonderheiten in der Geschäftsführung der Bank 122

Hohe Reserven. Behandlung der Außenstände. Bilanzaufstellung. Lösung der Wechselkursfrage. Verhältnis der Diskontgeschäfte zu den Gesamtvorschüssen sowie der einzelnen Darlehensgeschäfte untereinander. Notenausgabe. Kontokorrentverkehr.

4. Kapitel.

Die Erfolge der Bank 130

§ 27.

Die den Kolonien erwiesenen Dienste 130

Beseitigung der monoculture. Sicherung des inneren Geldumlaufs. Regelung des auswärtigen Zahlungsverkehres. Gewährung von Darlehen an die Kolonien.

Seite.

§ 28.

Leistungen an den französischen Staat 132
Service de trésorerie. Errichtung von unproduktiven Bankstellen.

§ 29.

Das Ergebnis für die Bank selbst 134
Entwicklung der Bankniederlassungen. Dividenden. Gründe des Erfolges der Bank.

Dritter Abschnitt.

Die Bank von Westafrika 135

1. Kapitel. § 30.

Gründung der Bank 136
Entstehung. Kapital. Aktien.

2. Kapitel. § 31.

Verfassung und Geschäfte der Bank 137
Sitz in Paris. Filialen und Geschäftsstellen. Leitung und Kontrolle der Bank.

3. Kapitel. § 32.

Die Entwicklung der Bank 139
Ergebnisse und Aussichten.

Drittes Buch.

Die Bank von Algerien 141

1. Kapitel. § 33.

Errichtung und Verfassung der Bank 141
Ihre Eigenschaft als Kolonialbank.
Errichtung durch den Staat. Notenprivileg. Keine Erntedarlehen. Sitz in Paris, aber keine Geschäftstätigkeit in Paris. Bankverfassung.
Vergleich mit der Bank von Frankreich.

2. Kapitel. § 34.

Entwicklung der Bank von Algerien 145
Fusion mit der Bank von Frankreich? Leistungen der Bank an den Staat.

Viertes Buch.

Vergleich der Kolonialbanken mit anderen Banken sowie der Kolonialbanken untereinander 150

Seite.

1. Kapitel.

Ihr Vergleich mit anderen Banken 150

§ 35.

I. Das Notenprivileg.

II. Die Begrenzung des Geschäftskreises 150

§ 36.

III. Die den Kolonialbanken eigentümlichen Geschäfte und Geschäftsmethoden 151

Die Erntedarlehen. Wechsel mit 2 Unterschriften. Aktiendarlehen. Lange Verfallzeit der Wechsel und Schuldverschreibungen. Diskontsatz höher als Lombardzins. Bevorzugung der Realkreditgeschäfte. Starke Reservebildung. Anlage des Grundkapitals in Rentenbriefen. Regulierung des Geldumlaufs und der Wechselkurse. Heranziehung der einheimischen Kapitalien zu kolonialen Unternehmungen.

§ 37.

IV. Vereinigung von Agrar- und Handelsbank 154

Gründe dafür. Folgen der mangelnden Arbeitsteilung.

§ 38.

V. Der Spekulationscharakter der Kolonialbanken 155

1. Mißverhältnis zwischen Aktiv- und Passivgeschäften.
2. Direkte Abhängigkeit von Naturereignissen.
3. Geringere Sicherheiten. Keine Versicherung gegen Erdbeben etc. Geringes wirschaftliches Verständnis der Bevölkerung.
4. Höhe des Leihzinses. Schwankende Ergebnisse. Stark wechselnder Metallbestand. Ungleichmäßiger Geldbedarf der Kolonien. Die hohen Wechselkurse.
5. Möglichkeit eines Konflikts zwischen den Interessen der Bank und denjenigen der Kolonie.
6. Die Emissionsgeschäfte der Kolonialbanken.

Die Kolonialbanken sind Spekulationsbanken mit dem Notenprivileg; ihr Wesen ist bedingt durch die wirtschaftlichen Verhältnisse der Kolonien.

2. Kapitel. § 39.

Die Kolonialbanken im Vergleich mit einander 158

Sie stellen verschiedene Entwicklungsstufen dar, die fast bis zur Bank von Frankreich führen. Gruppierung nach diesem Gesichtspunkt.

DIE
FRANZÖSISCHEN KOLONIALBANKEN.

EINLEITUNG.

Kolonialbanken sind Banken, die in den Kolonien arbeiten; sie sind Institute des kolonialen Kredits. Daß sie eine besondere Art von Banken bilden, kommt schon in der Terminologie der verschiedenen Kolonialvölker mehr oder weniger deutlich zum Ausdrucke. England z. B. unterscheidet scharf zwischen den Depositenbanken einerseits, die es vermeiden, außerhalb Englands Filialen zu gründen, und den foreign and colonial banks andererseits.[1]) In Deutschland nennt man die Banken, welche in der Hauptsache das Auslandsgeschäft betreiben, Überseebanken ohne genauere Unterscheidung, ob diese nun in fremden Ländern oder in Kolonien des Heimatsstaates arbeiten.[2]) Auch Frankreich hat in diesem Sinne Überseebanken, z. B. in Ägypten, Mexiko, Haiti, China und in seinen eigenen Kolonien. Die in den französischen Kolonien tätigen Banken sind entweder Filialen einer größeren Bank des Mutterlandes oder es sind Banken, welche ihre ausschließliche oder doch hauptsächliche Tätigkeit in den Kolonien entfalten, was beispielsweise darin zum Ausdruck kommen kann, daß die Bank ihren Sitz in der Kolonie hat.

Die französische Theorie[3]) bezeichnet nun mit banques coloniales nicht schlechtweg alle in den Kolonien bestehenden selbständigen Banken, sondern banques coloniales heißen nur diejenigen in den Kolonien errichteten Kreditinstitute, denen

---

[1]) Weber S. 43.

[2]) Hauser S. 1.

[3]) Denizet a. a. O., Renand a. a. O.

das Vorrecht der Notenausgabe verliehen ist. Nur mit den französischen Kolonialbanken in diesem engeren Sinne werden sich unsere weiteren Ausführungen beschäftigen.

Wir haben da drei verschiedene Gruppen von Kolonialbanken zu unterscheiden. Die erste Gruppe umfaßt die Banken von Martinique, Guadeloupe, Réunion, Guyane und Sénégal, die sämtlich ihren Sitz in den Kolonien haben. Zur zweiten Gruppe gehören die Banken von Neukaledonien, von Indochina und von Westafrika. Schließlich bildet die Bank von Algerien noch eine besondere Gruppe für sich.

Wir werden die französischen Kolonialbanken nach ihrer historischen Reihenfolge behandeln. Doch soll die Bank von Algerien, die zuerst ihre Schalter öffnete, zuletzt betrachtet werden, was später noch zu rechtfertigen sein wird.

ERSTES BUCH.

DIE FÜNF ALTEN KOLONIALBANKEN.

Die neuere französische Kolonialgeschichte beginnt mit dem Jahre 1815.[1]) Der 2. Pariser Friede gab Frankreich nur einen Teil seiner früheren überseeischen Besitzungen zurück, nämlich in Amerika die Inseln St. Pierre, Miquelon, Martinique, Guadeloupe und die Kolonie Guyane; in Afrika die Insel Réunion sowie Französisch Sénégal (St. Louis und Gorée) und in Indien die Niederlassungen Pondichéry, Karical, Janaon, Mahé und Chandernagor.

Das war 1815 der ganze Rest des einst so stolzen französischen Kolonialreiches. Dabei waren die indischen Besitzungen unbedeutende, weit voneinander liegende Handelskontore und St. Pierre und Miquelon nur kleine Fischereiniederlassungen. Martinique, Guadeloupe, Réunion und Guyane dagegen waren Plantagenkolonien, und Französisch Sénégal bestand in der Hauptsache aus zwei Handelskontoren, von denen aber St. Louis sehr günstig an der Mündung des Senegalflusses und Gorée auf einer kleinen Insel nahe bei Cap Verde gelegen sind. Bei Betrachtung dieses französischen Kolonialbesitzes erkennt man, daß es kein Zufall war, daß die ältesten französischen Kolonialbanken in Martinique, Guadeloupe, Réunion, Guyane und Sénégal errichtet worden sind.

Erster Abschnitt.

DIE ZUSTÄNDE IN DEN KOLONIEN VOR ERRICHTUNG DER KOLONIALBANKEN MIT SPEZIELLER BERÜCKSICHTIGUNG DER ZUCKERKOLONIEN.

Alle eben erwähnten Kolonien sind nicht Bevölkerungs- sondern Tropenkolonien. Kapitalien, nicht Menschen, galt es in diese Kolonien zu importieren.

---

[1]) Girault a. a. O. S. 195 ff.

Die Antillen (Martinique und Guadeloupe) sowie Réunion werden mit dem gemeinsamen Namen Zuckerkolonien bezeichnet, weil auf der Zuckerrohrkultur ihre Bedeutung beruht. Die Volkswirtschaft in den Zuckerkolonien erhielt während der ersten Hälfte des vorigen Jahrhunderts ihr charakteristisches Gepräge durch zweierlei: durch die Plantagenwirtschaft und durch die Sklaverei.

---

1. Kapitel.

§ 1.

DIE ZEIT VOR DER SKLAVENBEFREIUNG.

Die Zuckerrohrkultur war fast die einzige Beschäftigung und Erwerbsquelle der Kolonisten, und zwar herrschte der Großbetrieb in dieser Kultur unbedingt vor, da in diesen Gegenden der heißen Zone der Europäer und seine kreolischen Abkömmlinge selbst zu körperlicher Arbeit unfähig sind. Der Großbetrieb erfordert eine große Zahl von Arbeitern, und da war es die Sklaverei, welche den Pflanzern die notwendigen Arbeitskräfte verschaffte und dadurch den regelmäßigen Betrieb der Pflanzungen sicherte. In handelspolitischer Beziehung galt von 1815 bis 1861 der sogenannte pacte colonial,[1]) d. h. die Kolonien durften ihre Produkte nur nach Frankreich verkaufen und mußten andererseits den größten Teil ihrer Einfuhr von dort beziehen. Dieses Schutzzollsystem hatte den Vorzug, daß der Pflanzer immer auf ein sicheres Absatzgebiet für seine Produkte rechnen konnte. Andererseits wurden aber die aus Europa in die Kolonien eingeführten Lebensmittel durch den weiten Transport verteuert, und der Wert der fremden, d. h. nichtfranzösischen Wareneinfuhr der Kolonien, die doch nicht zu verbieten war, soweit sie in Frankreich nicht herstellbare Waren betraf, konnte nicht durch Warenausfuhr gedeckt, sondern nur durch Geldsendungen bezahlt werden. Das war eine Ursache beständiger Geldkalamität und einer periodisch auftretenden stürmischen Nachfrage nach

---

[1]) Girault a. a. O. S. 168. 522 f.

Zahlungsmitteln. Da die von Frankreich in die Kolonien eingeführten Münzen für den dortigen Geldbedarf nicht genügten, so nahm man auch fremde Gold- und Silbermünzen in Zahlung, insbesondere spanisch-amerikanische Piaster, die man besonders gut zu Rimessen verwenden konnte. Doch blieb der Geldmangel eine regelmäßig wiederkehrende Erscheinung, die den Handelsverkehr der Kolonie lähmte. Die Kaufleute litten am meisten unter diesen Verhältnissen. Der Pflanzer, der meist in natura zahlte, war durch den Mangel an Zahlungsmitteln weniger geniert. Nur zur Erntezeit, wenn er seine Ernte verkaufen wollte, und wenn es galt, die neue Ernte vorzubereiten, dann machte sich auch bei ihm ein starkes Geld- und vor allem Kreditbedürfnis geltend.

Wie bereits oben Seite 4 erwähnt, waren es bis 1848 Sklaven, die das Feld bestellten, die Frucht einernteten und den Zucker zur Verarbeitung in die Raffinerien brachten. Alle diese Arbeiter wurden angekauft, sie mußten genährt und unterhalten werden. Die Vorbereitung der Ernte, die Beschaffung und Reparatur der Arbeitsgeräte, der Unterhalt der Sklaven verursachten große Kosten, die man mit dem Ertrage der Ernte zu bezahlen hoffte. Da der Pflanzer gewöhnlich nur über ein geringes und unzureichendes Betriebskapital verfügte, mußte er zum Kredit seine Zuflucht nehmen. Wegen der benötigten Vorschüsse wandte er sich an einen sogenannten Kommissionär oder Wechselagenten, der mit dem Verkaufe seiner Produkte nach Frankreich beauftragt war und durch seinen langjährigen Aufenthalt am Platze Charakter und Arbeitsart eines jeden Pflanzers kannte. Dieser Kommissionär gewährte Darlehen gegen ein privilegiertes Pfandrecht am Vermögen des Pflanzers. Falls der Kommissionär selbst keine Kapitalien ausleihen konnte, wußte er dem Pflanzer Darlehen von einem Kaufmann in Marseille, Bordeaux, Nantes oder Le Havre zu verschaffen. Dieser verlangte aber von dem Pflanzer außer einem Pfandrecht an dessen Vermögen noch die Verpflichtung, dem Kaufmann die bevorschußte Ware zum kommissionsweisen Verkaufe zu überlassen, für den dann noch eine besondere Kommissionsgebühr erhoben wurde.

Alles in allem kamen diese Vorschüsse dem Pflanzer auf 16 bis 18 Prozent zu stehen: Der ganze Ertrag der Ernte konnte somit durch die Zurückzahlung der Vorschüsse aufgezehrt werden, so daß dem Pflanzer kein Gewinn übrig blieb. 1823 war deshalb in Réunion und 1826 auch in Guadeloupe eine Noten- und Darlehensbank errichtet worden in der Absicht, die Pflanzer dem Wucher zu entreißen. Beide Banken machten aber so schlechte Geschäfte, daß sie schon 1831 liquidierten, ohne ihr Ziel erreicht zu haben,[1]) wie die einen sagen, infolge Festlegung der Bankkapitalien in Hypothekengeschäften,[2]) andere führen als Grund ihres Mißerfolges an, daß es den Banken nicht gelang, die alten Gewohnheiten der Pflanzer so bald zu ändern. Das ist alles nicht verkehrt; aber die volle Wahrheit ist wohl, daß bei der Geldknappheit auch die Banken hohen Zins nehmen und obendrein noch beschwerliche Normativbestimmungen erfüllen und auferlegen mußten, etwa Rückzahlung der Darlehen innerhalb bestimmter kurzer Frist. Daß unter solchen Umständen die Pflanzer trotz des Wucherzinses das Geschäft mit dem Kommissionär dem Verkehr mit einer Bank vorzogen, ist erklärlich. Bei dem geringen Handelsverkehr der Kolonie fehlte es der Bank an lohnender Beschäftigung und damit an der Existenzberechtigung.

Ein völliger Umschwung trat hierin ein, als durch Dekret vom 27.4.1848 die sofortige und völlige Abschaffung der Sklaverei in den französischen Kolonien angeordnet wurde. Diese humanitäre Maßregel, die anfangs die koloniale Landwirtschaft zugrunde zu richten drohte, schuf jetzt andererseits die Existenzbedingungen für Kolonialbanken.

---

2. Kapitel.

§ 2.

DIE ZEIT NACH DER SKLAVENBEFREIUNG.

Mit der Sklavenbefreiung trat an Stelle des Arbeitszwanges der freie Arbeitsvertrag. Das hatte zwei bedeutsame Folgen:

---

[1]) Leroy 5. Bericht 1900.

[2]) Courtois, Histoire de la Banque de France S. 190.

erstens mußte der Pflanzer fortab regelmäßig den Lohn in Geld zahlen, während bislang der Neger in natura abgelohnt worden war; zweitens wurde es sehr schwierig und kostspielig, die zum Betriebe der Pflanzungen nötige Zahl von Arbeitern herbei zu schaffen, da die Neger sich nur äußerst langsam daran gewöhnten, freiwillig, d. h. ohne Zwang, zu arbeiten. Der Übergang von dem Arbeitszwange zur freien Arbeit vollzog sich in Réunion, wo die Sklaven stets gut behandelt waren,[1]) leichter als in den Antillen oder in Guyane. So verschieden sich aber auch die Arbeiterfrage in den einzelnen französischen Kolonien stellte, überall wurde die Einfuhr fremder Arbeiter (Neger, Hindous oder Chinesen) sowie die Gründung eines Lohnfonds nötig. Die Notwendigkeit regelmäßig Lohn zu zahlen, steigerte natürlich den Geldbedarf der Pflanzer beträchtlich. Andererseits verursachte die Beschaffung der nötigen Arbeitskräfte solche Mehrausgaben, daß für den Pflanzer der bislang an den Kommissionär gezahlte Zins von geradezu wucherischer Höhe absolut unerschwinglich wurde. Der Fortbestand der Pflanzungen war bedroht, wenn es den Pflanzern nicht gelang, billigeren Kredit in ausreichendem Maße zu erhalten.

Aber wer sollte ihnen diesen Kredit gewähren? Da viele Pflanzer aus Mangel an Arbeitskräften den Betrieb ihrer Pflanzungen einstellen mußten und da anderen Pflanzern dasselbe Schicksal drohte, so waren die Kommissionäre, die bislang in der Hauptsache ja den Agrarkredit gewährt oder vermittelt hatten, jetzt erst recht nicht geneigt und vielleicht auch gar nicht in der Lage, den Leihzinsfuß für ihre Darlehen zu ermäßigen. Der Leihzins war deshalb so hoch, weil meist zwei Personen — der Kommissionär und der Kaufmann eines französischen Hafenplatzes — an dem Vorschußgeschäft verdienen wollten, sodann, weil die Entfernung des Gläubigers vom Schuldner das Risiko des ersteren erhöhte. Eine Bank, die an Ort und Stelle sowie direkt, d. h. ohne Zwischenhand, Darlehen gewährte, konnte deshalb ohne weiteres den Leihzins beträchtlich herabsetzen,

[1]) Girault a. a. O. S. 283 f.

ohne geringeren Gewinn zu erzielen als der Kommissionär oder französische Kaufmann, und sie war jetzt sicher, einen starken Kundenkreis zu finden. Eine Bank konnte also helfen, ja nach dem Gesagten mußte sie helfen, wenn nicht alle Geschäfte still stehen sollten. Allein eine reine Privatbank hätte, wenigstens für den Anfang, das große Risiko des Kolonialkredits nicht tragen können. Auch hätten ihr die nötigen Betriebsmittel gefehlt. Wirkliche Hilfe versprach in dieser Lage nur die Errichtung einer staatlich unterstützten Notenbank, die zugleich Diskont- und Darlehensbank sein mußte, wenn sie allen Geldbedürfnissen und Kreditansprüchen der Kolonie genügen sollte.

In diesem Sinne ist der französische Gesetzgeber auch vorgegangen. Wie groß die Not war, zeigt die Tatsache, daß in den Antillen nicht gewartet werden konnte, bis die französische Nationalversammlung die Errichtung von Kolonialbanken beschlossen hatte. Die Generalkommissare der französischen Republik in den Antillen sahen sich vielmehr genötigt, schon im Oktober 1849 in Martinique und Guadeloupe sowie in Réunion Warenlombardbanken einzurichten und sie zur Ausgabe von Kassenscheinen mit Zwangskurs zu ermächtigen, die gedeckt waren durch Anweisungen des kolonialen Schatzamts, in Réunion durch Hinterlegung von Waren. Nichts illustriert den Wandel der Verhältnisse seit 1831 deutlicher als dieses.

Die eben erwähnten Institute hatten nur provisorischen Charakter, ihre guten Erfolge zeigten aber, daß man mit ihnen auf dem rechten Wege war.

Zweiter Abschnitt.

DIE ERRICHTUNG DER KOLONIALBANKEN; IHR WESEN.

1. Kapitel.

§ 3.

DIE KOLONIALBANKGESETZGEBUNG VON 1849—1905.

Als man 1849 an die Errichtung der französischen Kolonialbanken ging, war zuerst die Frage zu lösen, wie man das den Kolonialbanken nötige Betriebskapital herbeischaffen sollte. Man verfiel auf folgendes sinnreiche Mittel. Der französische Staat hatte angesichts der großen Notlage der Pflanzer, die durch die Sklavenbefreiung fraglos hervorgerufen war, etwa ein Jahr nach Aufhebung der Sklaverei, nämlich durch Gesetz vom 30.4.1849, den Pflanzern für jeden freigelassenen Sklaven eine Entschädigung von 500 fr. bewilligt, und zwar sollte an die Entschädigungsberechtigten gezahlt werden:

1. eine einmalige Summe von sechs Millionen francs in bar,
2. eine fortlaufende jährliche Rente im Betrage von sechs Millionen francs die, zu fünf Prozent kapitalisiert, als Rentenbriefe auszugeben waren.

Gleichzeitig wurde angeordnet, daß ein Achtel der auf Martinique, Guadeloupe und Réunion entfallenden Rente zurückbehalten und zur Errichtung einer Diskont- und Darlehensbank in jeder dieser Kolonien verwendet werden sollte. (Für die Kolonien Guyane und Sénégal war diese Vorschrift nur fakultativ, nicht obligatorisch wie in den Zuckerkolonien.) Nur die weniger als 1000 fr. betragenden Entschädigungsansprüche sollten von dem Zwange ausgenommen sein. Jeder Entschädigungsberechtigte sollte für den auf ihn entfallenden Teil der zurückbehaltenen Rente den entsprechenden, d. h. mit fünf Prozent kapitalisierten Betrag in Aktien der zu gründenden Kolonialbanken erhalten. Das Aktienkapital dieser Banken war also zu bilden durch Apports von Rentenbriefen, welche die ausschließliche Bestimmung hatten, zur Deckung der Banknoten zu dienen, zu deren Ausgabe die Kolonialbanken ermächtigt wurden. Deshalb waren die Rentenbriefe anfänglich unpfändbar und unveräußerlich.

Die Entschädigungsberechtigten wurden also zwangsweise Aktionäre einer noch zu errichtenden Bank.

Kraft der soeben mitgeteilten Gesetzesbestimmung erhielt jede der drei Banken von Martinique, Guadeloupe und Réunion Renten von jährlich 150 000 fr. überwiesen. Da diese Renten zu fünf Prozent kapitalisiert wurden, repräsentierten sie ein Kapital von je drei Millionen francs. Demgemäß wurde das Kapital für jede der drei benannten Banken durch Gesetz vom 11. 7. 1851 Art. 2

auf drei Millionen francs festgesetzt. Dieses Gesetz, die loi organique der Kolonialbanken, rief die Kolonialbanken erst ins Leben, nachdem schon das Gesetz vom 30. 4. 1849 ihre Errichtung angeordnet und den Weg dafür gewiesen hatte. Dem Gesetze von 1851 sind Statuten beigefügt, die einen Teil des Gesetzes bilden, also nur durch Gesetz abgeändert werden können. Es ordnete auch die Gründung einer Bank von Guyane an durch Zurückbehaltung von 35 000 fr. Rente, die ein Kapital von 700 000 fr. ergaben.[1]) Das Gesetz vom 11. 7. 1851 sprach noch nicht von einer Bank von Sénégal. Doch wurde durch Dekret vom 21. Dezember 1853 auch in Sénégal eine Diskont- und Darlehensbank gegründet und ihr Kapital von 230 000 fr. ebenso wie bei den vier ersten Kolonialbanken durch Zurückbehaltung von einem Achtel der den Entschädigungsberechtigten in Sénégal zukommenden Entschädigungssumme und durch die bis dahin aufgelaufenen Zinsen der Rentenbriefe zusammengebracht. Ferner wurden die Bestimmungen vom 11. 7. 1851 ausdrücklich auf die Bank von Sénégal ausgedehnt, soweit die dem Dekret vom 21. Dezember 1853 folgenden Statuten nichts Abweichendes enthielten.

Da die Banken von Guyane und Sénégal unter wesentlich anderen d. h. kleineren Verhältnissen zu arbeiten hatten als die Banken der Zuckerkolonien, so wurden gar bald einige Statutenänderungen für jene nötig, die hauptsächlich die Herabsetzung der Zahl der auf der Generalversammlung stimmberechtigten Aktionäre, ferner die Präsenzziffer auf der Generalversammlung und den obligatorischen Aktienbesitz der Verwalter und Direktoren der Bank betrafen. Nur kurz zu streifen ist hier das Dekret vom 17. November 1852, das die Schaffung einer Zentralgeschäftsstelle für alle fünf Kolonialbanken und zwar in Paris vorsah. Näheres darüber folgt weiter unten.

Das Privileg der Banken von Martinique, Guadeloupe, Réunion und Guyane, das 1871 erlosch, wurde durch Dekret vom

---

[1]) Das Kapital der Bank von Guyane wurde durch Dekret vom 1. II. 1854 auf 300 000 fr. herabgesetzt, noch bevor die Bank ihre Geschäfte begonnen hatte.

11. September 1871 auf zwei Jahre verlängert. Durch Dekret vom 8. 8. 1873 erhielten alle fünf Banken ihr Privileg auf ein weiteres Jahr erneuert, vom 1. 9. 1873 an gerechnet. Der Grund für diese kurzen Verlängerungsfristen war, daß man in Frankreich infolge des Krieges mit Deutschland keine Zeit fand zu einer näheren Prüfung der Kolonialbankfrage. Erst 1874 erging unter dem 24. Juni ein neues Gesetz, welches das Privileg der fünf Kolonialbanken um zwanzig Jahre verlängerte und daneben einige Statutenänderungen brachte, die sich auf Grund zwanzigjähriger praktischer Erfahrungen als wünschenswert erwiesen hatten. Zunächst ist zu bemerken, daß das Gesetz vom 24. 7. 74 für alle fünf Kolonialbanken gilt, also auch für die im Gesetze von 1851 noch nicht erwähnte Bank von Sénégal. Alle sich auf diese Bank beziehenden Dekrete sowie die verschiedenen im Laufe der verflossenen 23 Jahre für die Kolonialbanken erlassenen neuen Bestimmungen sollten 1874 inhaltlich in das neue Gesetz aufgenommen werden. Das machte schon eine neue Redaktion des Gesetzes von 1851 nötig. Daneben galt es auch Lücken im Gesetze auszufüllen, z. B. Bestimmungen zu treffen über den Modus bei einer Kapitalerhöhung oder -verminderung oder über das Verfahren bei der Übertragung der Aktien der Kolonialbanken nach Frankreich und über die Vertretung der europäischen Aktionäre auf der in den Kolonien stattfindenden Generalversammlung. Sodann war es das Bestreben des Gesetzgebers, den Kolonialbanken größere Freiheiten zu gewähren, soweit sie mit der Sicherheit der Bank vereinbar waren. Dahin gehörte die Gestattung von Darlehen gegen Hingabe von Aktien der Kolonialbank als Pfand, ferner die Erlaubnis zu Zeichnungen auf öffentliche, in den Kolonien eröffnete Anleihen. Fortan durften die Banken auch Handel mit Edelmetallen treiben, obschon ihnen im übrigen jeder Warenhandel verboten war. Diskontiert wurden bislang von den Kolonialbanken Effekten mit zwei Unterschriften, deren eine obendrein durch ein Pfand ersetzt werden konnte. Die Zahl dieser Pfänder wurde 1874 um zwei vermehrt (titres mobiliers und Dépôts von gemünztem oder ungemünztem Gold und Silber). Sodann wurde 1874 die Beleihungsgrenze für Gegen-

stände von Gold und Silber von vier Fünftel auf fünf Fünftel ihres Wertes und ebenso für Waren von zwei Drittel auf drei Drittel ihres Wertes erhöht, letzteres unter Generalisierung der durch Dekret vom 8. 1. 1870 der Bank von Réunion erteilten Erlaubnis, Waren bis zu ihrem vollen Werte beleihen zu dürfen. Sehr wichtig war schließlich die Ermächtigung zur Ausgabe von 5 fr.-Noten, welche 1851 noch verweigert worden war.

Alles in allem zeigte der Gesetzgeber 1874 eine gewisse Liberalität; das war erklärlich; denn die Kolonialbanken hatten in den letzten Jahren vor Erneuerung ihres Privilegs gute Dividenden[1]) erzielt, ohne ihr Notenrecht zu mißbrauchen. Da sie auch den Kolonien unleugbare Dienste erwiesen hatten, so stand die Erneuerung des Kolonialbankprivilegs 1874 außer Frage. Wesentlich anders lagen die Verhältnisse 1894 am Ende der zweiten Periode der Kolonialbanken. In den seit 1874 verflossenen zwanzig Jahren hatten sich arge Mißstände herausgebildet; die Kolonialbanken hatten sich schwere Statutenverstoße zu schulden kommen lassen; sie hatten schwere Krisen durchgemacht und — was die Laune des Gesetzgebers besonders ungünstig beeinflußte — die Lage der Kolonialbanken war recht unbefriedigend, teilweise sogar bedrohlich geworden. Eine eingehende Untersuchung schien am Platze zu sein, ebenso eine breite Erörterung der ganzen Kolonialbankfrage. War es überhaupt richtig, lauter kleine koloniale Lokalbanken am Leben zu erhalten, die infolge ihres begrenzten räumlichen Tätigkeitsfeldes von jeder Konjunktur direkt betroffen, von jeder der in den Tropengegenden so zahlreichen Krisen in Mitleidenschaft gezogen wurden? War nicht das ganze System dieser staatlich beaufsichtigten und privilegierten Privatbanken ein Fehler, da alle Staatsaufsicht grobe Statutenwidrigkeiten nicht hatte verhindern können?

Die Gegner der kolonialen Lokalbanken wollten eine einzige große Kolonialbank in Paris mit Filialen in den verschiedenen französischen Kolonien an die Stelle der fünf alten Kolonialbanken

[1])	Jahr	Martinique	Guadeloupe	Réunion	Guyane	Sénégal
Dividende	1870/71	14.14%	13.84%	8.46%	10.2%	10.35%
Dividende	1871/72	17.45%	11.6%	8.14%	9.64%	5.76%

setzen.[1]) Die neue Kolonialbank hätte, da sie ihren Sitz in Paris haben sollte, die reichen Kapitalien des Mutterlandes den Kolonien dienstbar machen können. Aber die Anhänger einer solchen Zentralbank vergaßen, daß die Kolonien schon das Maximum dessen, was sie an Kredit brauchen konnten, erhalten hatten und daß bei den beschränkten Mitteln und Bedürfnissen der nicht mehr sehr entwicklungsfähigen Kolonien Martinique, Guadeloupe und Réunion eine stark vermehrte Kapitalzufuhr eine unproduktive Kreditgewährung bedeutet haben würde. Zudem war noch zu berücksichtigen, daß die Entschädigungsberechtigten 1851 zwangsweise Aktionäre der Kolonialbanken geworden waren; sie hatten somit ein gewisses historisches Recht auf eine eigene Bank, d. h. Kolonialbank und Kolonie gehörten zusammen, umsomehr, als zwischen den einzelnen Kolonien keine oder geringe Interessengemeinschaft bestand.

Man war sich also bald darüber einig, daß die Kolonialbanken Lokalbanken bleiben mußten. Aber ohne das Notenrecht waren sie nicht imstande, ihre Aufgaben zu erfüllen. Und das Notenrecht zog wiederum mit Notwendigkeit eine gewisse Staatsaufsicht nach sich. Die ganze Frage der Reform der Kolonialbanken konzentrierte sich daher in dem Problem, wie es zu erreichen wäre, die Aufsicht des Staates über die Kolonialbanken wirksamer zu gestalten, ohne durch zu enge Statutenbestimmungen die Bewegungsfreiheit der Banken einzuschränken und ihnen damit die Lebensader zu unterbinden. Die Kontrolle des Staates über die Kolonialbanken sollte bestehen bleiben. War das aber nicht auch möglich ohne Einmischung des Staates in die innere Bankleitung? Nach den Statuten von 1851 und 1874 hatte der Präsident der französischen Republik den Direktor der Kolonialbanken zu ernennen. Von den vier Verwaltern, die zusammen mit dem Direktor den Verwaltungsrat der Bank bildeten, war einer kraft Gesetzes ein kolonialer Finanzbeamter (trésorier de la colonie). Unter fünf Mitgliedern des Verwaltungsrates gab es also zwei Beamte, die in unmittelbarer Abhängigkeit von der Regierung standen. Damit war ein Teil der Verantwortung für

[1]) Denizet a. a. O. S. 236 f.

die Leitung der Bankgeschäfte auf die (französische) Regierung abgewälzt. Das durfte nicht sein, schon im Interesse der Aktionäre. Der koloniale Finanzbeamte war nicht nur gesetzlicher Verwalter, er war zugleich auch gesetzlicher Zensor (der Zensor entspricht etwa unserem Aufsichtsrat). Also Leitung und Kontrolle der Bank ward hier in einer Hand vereinigt. Es war das ein Mißstand, der unbedingt beseitigt werden mußte. Die Losung konnte nur lauten: Zurückdämmung des Regierungseinflusses auf die Bankleitung unter Verschärfung ihrer Aufsichtsrechte. Ein Blick auf die Gesetzgebung zeigt, daß dieser Reformweg schließlich beschritten wurde, freilich nicht in der vollen wünschenswerten Konsequenz.

Nach eingehenden Beratungen seitens einer außerparlamentarischen Kommission 1894 und seitens verschiedener parlamentarischer Kommissionen, die von 1895 bis 1900 in fünf großen Berichten eine genaue Darstellung der Entwickelung der Kolonialbanken auf Grund des amtlichen Quellenmaterials gaben, wurde 1901 endlich das neue Kolonialbankgesetz in der Fassung des letzten Kommissionsentwurfes angenommen und unter dem 13. Dezember 1901 verkündet. Von 1894 bis 1901 hatte man das Privileg der Banken fortgesetzt um ein Jahr erneuern müssen. Um nun die Gültigkeit der nur durch Dekrete erfolgten Verlängerungen des Privilegs in zweifelfreier Weise festzustellen, wurden im Artikel 16 des Gesetzes von 1901 die Bestimmungen der verschiedenen von 1894 bis 1901 erlassenen Dekrete ausdrücklich aufrecht erhalten.

Das Gesetz vom 13. Dezember 1901 betrifft nur die (vier) Banken von Martinique, Guadeloupe, Réunion und Guyane. Die Bank von Sénégal hatte am 25. 1. 1901 in einer außerordentlichen Generalversammlung die Liquidation der Bank und ihre Fusion mit einer neuen Bank von Westafrika beschlossen. Auch 1901 galt es, einige Gesetzeslücken auszufüllen, z. B. das Liquidationsverfahren zu regeln. Die Hauptsache war aber die prinzipielle Reform im Gesetze. Der Schatzmeister der Kolonie hörte auf, gesetzlicher Verwalter der Bank zu sein. Da er aber stark interessiert ist an der Notenausgabe der Bank, weil die Noten

Kassenkurs besitzen, so soll er fortan jeder Sitzung des Verwaltungsrats beiwohnen dürfen; er kann sich da ein völlig unabhängiges Urteil bilden, weil er nicht mehr Verwalter der Bank, also nicht mehr wie früher selbst Partei ist. Die ungünstige Lage, in der sich einzelne Kolonialbanken gegen Ende der 90er Jahre befanden, war zum Teil die Folge einer Reihe statutenwidriger Handlungen. Um die Beobachtung der Statuten zu erzwingen, soll in Zukunft bei einem Statutenverstoß der Bank jede Dividendenverteilung für die laufende Geschäftsperiode verboten sein. Die Inspektion der Kolonialbanken, die früher rein fakultativ war, ist jetzt obligatorisch und hat alle zwei Jahre zu erfolgen.

Um die Einheitlichkeit der Bankleitung zu sichern, ist dem Direktor der Kolonialbanken das Ernennungsrecht bezüglich der Bankbeamten gegeben worden. Der Direktor selbst wird nach wie vor von dem Präsidenten der französischen Republik ernannt. Auch die Aufrechterhaltung der Vorschrift, daß keine Dividendenverteilung stattfinden kann ohne Zustimmung des Gouverneurs der Kolonie, zeigt, daß man sich von dem alten Bevormundungssystem noch immer nicht hat freimachen können.

Im Gegensatze zum Jahre 1874 überwog 1901 beim Gesetzgeber die Neigung, der Tätigkeit der Kolonialbanken engere Grenzen zu ziehen. Demgemäß wurde die Beleihungsgrenze für einzelne Pfänder herabgesetzt und den Banken das Recht genommen, ihre Kapitalien in kolonialen Kommunalanleihen anzulegen, weil damals die Bezahlung der Annuitäten seitens der Kommunen infolge ihrer schlechten Finanzlage stockte und dies eine anormale Festlegung der Aktiva der Bank zur Folge hatte. Auf der anderen Seite sind manche Vorschläge, die im Interesse der Banken gemacht waren, z. B. den Kolonialbanken die Annahme verzinslicher Depositen oder die Ausgabe langfristiger Obligationen zu gestatten,[1]) unberücksichtigt geblieben. Trotz alledem bedeutet das Kolonialbankgesetz von 1901 gegenüber den früheren Gesetzen einen entschiedenen Fortschritt.

Nachdem wir im Vorhergehenden einen Überblick über

---

[1]) Denizet a. a. O. S. 212.

die mehr als fünfzigjährige französische Kolonialbankgesetzgebung gegeben haben, ist es Zeit, auf das Wesen der Kolonialbanken näher einzugehen.

---

2. Kapitel.

§ 4.

DIE VERFASSUNG DER KOLONIALBANKEN.

Gemäß Artikel 2 der Statuten sind die Kolonialbanken Diskont- und Darlehensbanken, und zwar Aktiengesellschaften. Ihr Sitz ist Fort de France[1]) auf Martinique, Point à Pitre auf Guadeloupe, St. Denis auf Réunion, Cayenne in Guyane und St. Louis in Sénégal. Die Banken können auch an anderen Punkten ihrer Kolonie Niederlassungen gründen. Doch ist die Genehmigung des Kolonialministers einzuholen.

Das den Kolonialbanken verliehene Notenprivileg macht eine Bestimmung über die Dauer der Bank nötig. Der Kommissionsentwurf 1895 schlug dem alten Brauche entsprechend eine Verlängerung des Privilegs um abermals zwanzig Jahre vor. Dieser Zeitraum erschien der Kommission 1900 zu groß mit Rücksicht auf die Veränderungen, die in den wirtschaftlichen Verhältnissen der Kolonien in dieser Zeit eintreten könnten. Das Privileg der vier Kolonialbanken wurde deshalb nur um zehn Jahre verlängert; es läuft am 31. Dezember 1911 ab.

Das Kapital der Kolonialbanken beträgt je drei Millionen francs für die Banken von Martinique, Guadeloupe, Réunion und 600 000 fr. für die Bank von Guyane. Auch die Bank von Sénégal hatte zuletzt ein Kapital von 600 000 fr. Das Bankkapital zerfällt in Aktien von je 500 fr. Doch hat der Nominalwert der Aktien verschiedene Wandlungen durchgemacht. Wie man sich erinnert, wurde das Kapital der Kolonialbanken durch Apports von Rentenbriefen gebildet. Naturgemäß ergab nicht immer ein Achtel der Entschädigung, die einem jeden Pflanzer zukam, eine durch 500 teilbare Summe. Man mußte daher 1851 bestimmen, daß die

---

[1]) Bis 1905 war es St. Pierre.

Aktien im Nominalwerte von 500 fr. bei ihrer ersten Ausgabe in Teilaktien von je 50 fr. zerlegt werden könnten. 10 solcher Teilaktien konnten in einer Hand vereinigt bis zum 1. Januar 1855 (in Guyane und Senegal bis zum 1. Januar 1857) gegen eine Vollaktie von 500 fr. umgetauscht werden.[1])

1899 beschloß die Bank von Réunion, ihr Kapital, das seit 1884 auf vier Millionen francs erhöht war, auf drei Millionen francs herabzusetzen. Nach den Statuten durfte das nicht durch Verminderung der Zahl der Aktien geschehen; man hätte dadurch die Aktionäre einer wilden Spekulation ausgesetzt. Eine Kapitalverminderung sollte vielmehr erfolgen durch Barrückzahlung eines Teils der auf jede Aktie gemachten Einzahlungen. Das hätte die Bank von Réunion 1899 bei ihrem sehr knappen Metallvorrat in eine kritische Lage gebracht und zugleich eine Einschränkung des Notenumlaufs nötig gemacht in einem Augenblicke, wo der Geldbedarf der Kolonie sehr groß war. Auf Vorschlag des Direktors der Bank von Réunion beschloß daher die Generalversammlung, die 125 fr., welche auf jede Aktie zurückzuzahlen waren, nicht in bar auszuzahlen, sondern dem Reservefonds zuzuschreiben.[2]) Seitdem haben die Aktien der Bank von Réunion einen Nominalwert von nur 375 fr.

Eine Änderung in der Höhe des Bankkapitals kann nur durch Dekret ausgesprochen werden. Wird das Kapital erhöht, so bestimmt der Generalversammlungsbeschluß den Teil des Reservefonds, der zu den Einzahlungen auf die neuen Aktien verwendet werden darf. Bei einer Verminderung des Kapitals darf die Zurückzahlung 125 fr. pro Aktie nicht übersteigen.[3]) Das Aktienkapital war ursprünglich vertreten durch Rentenbriefe, deren Verpfändung und Veräußerung verboten war. Als dies Verbot 1851 aufgehoben wurde, haben die verschiedenen Banken nacheinander ihre Rentenbriefe verpfändet oder gar veräußert.[4]) 1862 besaß die Bank von Sénégal keine Rentenbriefe mehr; ihr Aktien-

[1]) Art. 7—8 der Statuten 1851.

[2]) Renaud a. a. O. S. 37 ff.

[3]) Art. 2 Gesetz 1901.

[4]) Vergl. Bericht der Überwachungskommission (Ü. Ko.) 1861/63.

kapital war ein reines Betriebskapital geworden, das durch den Metallgeldvorrat der Bank vertreten ward. Seit der Zeit beginnt eine Rückentwickelung. Die Banken kauften ihre Rentenbriefe wieder an und behielten sie auch dann noch, als die ursprünglich 5prozentigen Renten nacheinander in $4^1/_2$prozentige und 3prozentige verwandelt und für amortisabel erklärt wurden. Damit war das Kapital der Kolonialbanken wieder ein Garantiekapital geworden. Auch ein Teil der Reserven der Banken ist in Rentenbriefen angelegt.

Die Aktien der Kolonialbanken sind Namenaktien. Zur Eigentumsübertragung innerhalb der Kolonie genügt eine schriftliche Abtretungserklärung des Anteilseigners oder seines Bevollmächtigten und Eintragung in das Aktienbuch der Bank.[1]) Soll eine Aktie nach Frankreich übertragen werden, so muß ihr Eigentümer sie bei der Bank hinterlegen, wobei diese ihm eine Anweisung an den Zentralgeschäftsführer der Kolonialbanken in Paris aushändigt. Der Zentralgeschäftsführer stellt dann gegen Vorweisung der Anweisung einen neuen Aktienschein aus, der aber nur in Paris übertragbar ist.[2]) Der alte Aktienschein wird von der Bank vernichtet. In der eben angegebenen Weise können die nach Frankreich übertragenen Aktien dort weiterbegeben oder wieder in die Kolonie zurück übertragen werden. Durch die Übertragbarkeit der Aktien nach Frankreich wurde den in Frankreich wohnenden Aktionären der Kolonialbanken ein großer Dienst erwiesen. Sie konnten nun ihre Aktien in Frankreich haben, dort die Dividenden erheben und am Sitz der Zentralgeschäftsstelle ihren Aktienbesitz übertragen. Diese Vorteile kamen einem großen Teile der Aktionäre zugute. Denn infolge der Differenz zwischen dem Landeszinsfuße in Frankreich und demjenigen in den Kolonien waren schon 1854 beispielsweise in Martinique 2325 von 6000 Aktien nach Frankreich übertragen.[3]) Auch behielten die Kreolen, die wohlhabend geworden waren und sich in ihren alten Tagen nach Frankreich zurückzogen, ihren Aktien-

[1]) Statuten 1901 Art. 7, 8.
[2]) Dekret vom 17. November 1852 Art. 9.
[3]) Vergl. Bericht der Ü. Ko. 1853/55.

besitz bei, da sie noch große Interessen in den Kolonien hatten. So kam es, daß 1892 mehr als die Hälfte der Aktien der Banken von Martinique und Guadeloupe sich in Frankreich befanden, d. h. sogenannte actions d'Europe waren.[1]) In Réunion und Guyane dagegen machten die actions d'Europe nicht viel mehr als ein Drittel aller Aktien aus. Die Aktien der Bank von Sénégal sind nie nach Europa übertragen worden. Sie wurden auch in der Kolonie selbst nicht gehandelt, sondern blieben meist in denselben Händen. Denn sie gehörten zum großen Teil französischen Kaufleuten, die in Sénégal große Handelsinteressen hatten und daher den mit dem Aktienbesitz verbundenen wirtschaftlichen Einfluß sich zu erhalten wünschten.

Gemäß Art. 25 der Statuten von 1901 werden alle 6 Monate (am 30. 6. und am 31. 12.) die Bücher und Konti der Bank abgeschlossen, bilanziert und das Ergebnis festgestellt.

Die ausstehenden Forderungen, d. h. solche, die am Verfalltage nicht beglichen worden sind, dürfen dabei höchstens zu einem Fünftel ihres Nominalwerts in die Aktiva der Bankbilanz eingestellt werden. Von dem während des Semesters erzielten Reingewinn soll zunächst eine Summe = $^1/_2$ Prozent des eingezahlten Grundkapitals dem Reservefonds zugewiesen werden. Jede Aktiengesellschaft hat nach dem französischen Aktiengesetz von 1867 einen Reservefonds zu bilden, dessen gesetzliches Minimum ein Zehntel des Grundkapitals beträgt. Der Spekulationscharakter der Kolonialbanken veranlaßte den Gesetzgeber dieses Minimum für die Kolonialbanken auf die Hälfte ihres Grundkapitals zu erhöhen. Dieses Minimum von $^1/_2$ des Grundkapitals war aber bis 1901 zugleich ein gesetzliches Maximum, da Art. 27 der Statuten bestimmte, daß, sobald der Reservefonds die Hälfte des Grundkapitals erreicht hätte, jede weitere Zuwendung an ihn unterbleiben sollte. Das Gesetz von 1901 gestattet dagegen in diesem Falle die Begründung außerordentlicher Reserven und zwar 1) zur Amortisation der Immobilien und des Mobiliars der Bank, 2) zur Ergänzung der Dividende auf fünf Prozent, falls der er-

[1]) Vergl. Bericht der Ü. Ko. 1892/93.

zielte Reingewinn nur eine geringere Ausschüttung zuläßt, und 3) zur Bildung einer Pensionskasse für die Bankangestellten. Die unter Nr. 2 erwähnte Reserve verdient eine besondere Beachtung. Aus dem Reingewinn soll nach Abzug einer Summe gleich $^1/_2$ Prozent des Grundkapitals, welche pro Semester dem Reservefonds zuzuwenden ist, eine erste Dividende von fünf Prozent des Aktienkapitals verteilt werden. Reicht der Gewinn dazu nicht aus, so darf die Dividende bis zu fünf Prozent erhöht werden und zwar durch Entnahmen aus dem unter Nr. 2 genannten außerordentlichen Reservefonds und mangels eines solchen aus der statutarischen Reserve, vorausgesetzt, daß diese dadurch nicht unter die Hälfte ihres gesetzlichen Minimums sinkt. Der nach Verteilung von fünf Prozent Dividende noch etwa vorhandene Gewinn kann zur Hälfte als zweite Dividende verteilt werden. Von der anderen Hälfte sollen zwei Zehntel dem Direktor und den anderen Bankbeamten und acht Zehntel der Reserve zugewiesen werden. Sobald diese ihr statutarisches Minimum erreicht hat, kommt dem Direktor und den Bankbeamten die volle Hälfte des Teiles des Reingewinns zu, der nach Verteilung von fünf Prozent Dividende übrig bleibt, und zwar ist sie zu gleichen Teilen an den Direktor einerseits und die übrigen Bankbeamten andererseits zu verteilen.

Keine Dividende darf ohne Zustimmung des Gouverneurs der Kolonie verteilt werden.[2]) Da die Gouverneure von ihrem Vetorecht aus eigenem Antriebe fast keinen Gebrauch gemacht hatten, wurde ihnen in den neuen Statuten von 1901 die Pflicht auferlegt, bei Vorliegen bestimmter, im Gesetz näher bezeichneter Statutenverstöße jede Dividendenverteilung zu verbieten, bis der Kolonialminister über den Fall eine Entscheidung getroffen hat. Stellt dieser einen solchen Verstoß gegen die Statuten fest, so gilt der Verwaltungsrat von Rechts wegen als seines Amtes enthoben, und es hat unverzüglich eine Neuwahl stattzufinden; auch muß dann jede Dividendenverteilung für die laufende Geschäftsperiode unterbleiben.

---

[1]) Statuten 1901 Art. 25.

[2]) Statuten 1901 Art. 28.

Das Verbot der Dividendenverteilung gibt den Anordnungen des Gesetzes eine gewisse Sanktion; es bestraft aber hauptsächlich die Aktionäre für Vergehen des Verwaltungsrates. Die Aktionäre sind somit genötigt, die Geschäftsführung der Bankdirektoren und Verwalter scharf zu überwachen, um sich selbst vor Schaden zu bewahren. Ihren Einfluß auf die Bankleitung üben sie durch die Generalversammlung aus.

Die Gesamtheit der Aktionäre der Kolonialbank wird vertreten durch die Generalversammlung. Auf ihr haben aber nur diejenigen Aktionäre Sitz und Stimme, die mindestens zehn Aktien besitzen. Doch können Eigner von weniger als zehn Aktien, die aber zusammen zehn Aktien besitzen, sich durch einen unter ihnen vertreten lassen.[1]) Jedes Mitglied der Generalversammlung kann sich auf dieser nur durch einen anderen Aktionär der Bank vertreten lassen. Jeder Aktionär hat soviel Stimmen, als er je zehn Aktien besitzt. Das hierin zutage tretende plutokratische Prinzip wird dadurch gemildert, daß niemand in eigenem Namen oder als Bevollmächtigter mehr als zehn Stimmen haben kann.[2])

Die Eigner von actions d'Europe, die sich auf der Generalversammlung vertreten lassen wollen, brauchen nicht mehr ihre Aktien beim Zentralgeschäftsführer in Paris zu hinterlegen; es genügt vielmehr seit 1901 zur Vertretung auf der Generalversammlung eine fünfzig Tage vor der Generalversammlung von dem Zentralgeschäftsführer ausgestellte Bescheinigung über den Aktienbesitz des betreffenden Aktionärs.[3]) Freilich darf dieser Aktienbesitz vor Schluß der Generalversammlung nicht übertragen werden. Da eine solche Übertragung, wie wir schon oben sahen, in Europa nur durch den Zentralgeschäftsführer erfolgen kann, so ist die Bank gegen Fälschung und Mißbrauch hinlänglich geschützt.

Die Leitung der Bank ist einem Verwaltungsrate anvertraut, der aus einem Direktor und vier Verwaltern besteht.[4])

Der Verwaltungsrat trifft alle Verfügungen in der inneren

---

[1]) Statuten 1901 Art. 28.

[2]) Statuten Art. 30.

[3]) Statuten 1901 Art. 29.

[4]) Statuten Art. 36.

Bankverwaltung; er setzt den Diskontsatz und den Zinsfuß für Darlehen, die Provisionen für Wechsel- und Kommissionsgeschäfte fest, desgleichen die Gebühren für Dépôts; er entscheidet, welche Wechsel und Schuldscheine zum Diskont zugelassen werden können, ohne daß er eine Zurückweisung vom Diskont zu begründen braucht; er bestimmt die Höhe des jeweiligen Notenumlaufs innerhalb der statutarischen Grenzen. Er wacht darüber, daß die Bank keine anderen als die ihr durch die Statuten erlaubten Geschäfte macht.[1]) Der Verwaltungsrat als solcher bestimmt also die Richtlinien für den Verkehr mit der Kundschaft wie für den inneren Bankbetrieb. Da die vier Verwalter von der Generalversammlung der Aktionäre gewählt werden, so haben die Aktionäre innerhalb des Verwaltungsrates entscheidenden Einfluß. Aber diesem Verwaltungsrat sind manche wichtige Befugnisse versagt. So wird der Direktor nicht von ihm gewählt, sondern auf Vorschlag einer Überwachungskommission vom Präsidenten der französischen Republik ernannt.[2]) Um ihm dem Verwaltungsrate gegenüber eine selbständige Stellung zu geben, wurde bestimmt, daß der Kolonialminister, nicht der Verwaltungsrat, das Gehalt des Direktors festzusetzen hat. Der Direktor hat aber auch positive Machtmittel dem Verwaltungsrate gegenüber: er ernennt und entläßt die Bankbeamten, die dadurch ganz von ihm abhängig sind. Der Direktor ist nominell nur ein Organ der Bank, das die Beschlüsse des Verwaltungsrats und der Generalversammlung auszuführen hat. Doch steht ihm gegen diese Beschlüsse indirekt ein Veto zu, da jeder Beschluß, der ausgeführt werden soll, mit der Unterschrift des Direktors versehen sein muß und der Direktor zur Unterschrift nicht gezwungen werden kann. Ferner bedürfen die wichtigsten Geschäfte der Bank: die Diskont- und Darlehensgeschäfte seiner Zustimmung. Der Direktor hat die Korrespondenz, Verträge, Quittungen, Wechselindossamente, Tratten und Anweisungen zu zeichnen.[3])

Somit besitzt der Direktor der Kolonialbanken recht um-

---

[1]) Statuten Art. 37.

[2]) Statuten Art. 42.

[3]) Statuten 1901 Art. 43/45.

fassende Befugnisse, die er sehr zum Schaden der Bank ausüben könnte. Daher sucht man ihn durch Beteiligung am Reingewinn der Bank sowie durch die Bestimmung, daß der Direktor Eigner von mindestens zwanzig Aktien seiner Bank sein muß,[1]) unmittelbar am Wohl und Wehe der Bank zu interessieren. Ein weiteres Gegengewicht gegen die Selbständigkeit des Direktors ist die Bestimmung, daß der Direktor jederzeit durch Dekret des Präsidenten der französischen Republik abgesetzt, ja in dringenden Fällen auch vom Gouverneur der Kolonie ohne weiteres seines Amtes zeitweise enthoben werden kann.[2]) Hierdurch wird der Direktor unmittelbar abhängig von einer vorgesetzten Verwaltungsbehörde; er erhält die Stellung eines Staatsbeamten.

Dem Verwaltungsrate zur Seite stehen zwei Zensoren;[3]) einer von ihnen wird von der Generalversammlung auf zwei Jahre gewählt; er muß wie die vier Verwalter zehn Aktien zu eigen haben, die während seiner Amtszeit unveräußerlich sind und die voll einbezahlt sein müssen. Der zweite Zensor ist von Rechts wegen ein durch den französischen Finanzminister benannter Finanzbeamter der Kolonie. Dieser hat allen Sitzungen des Verwaltungsrates beizuwohnen und ist dadurch in Stand gesetzt, die Banktätigkeit genau zu verfolgen. Die Aufgabe der beiden Zensoren ist nun, darüber zu wachen, daß die Statuten der Bank genau befolgt werden. Sie haben den Kassen- und Wechselbestand der Bank nachzusehen und die Geschäftsbücher auf ihre Richtigkeit zu prüfen. Sie sollen der regelmäßig Anfang Juli zusammentretenden Generalversammlung Rechenschaft geben über ihre Tätigkeit und eventuelle Vorschläge unterbreiten.[4]) Neben den Zensoren kennt das Gesetz von 1901 noch besondere Inspektoren. Die Kolonialbanken müssen alle zwei Jahre auf ihre Kosten inspiziert werden durch Inspektoren der Kolonie, die eigens zu diesem Zwecke ausgewählt sind, also Zeit haben, sich auf ihre Tätigkeit vorzubereiten. Damit ist der Hauptein-

---

[1]) Statuten Art. 47.
[2]) Statuten Art. 46.
[3]) Statuten Art. 36.
[4]) Statuten 1901 Art. 52/55.

wurf, der gegen die frühere Aufsichtstätigkeit erhoben wurde, sie sei nicht sachverständigen Leuten anvertraut, entkräftet. Die Kolonialinspektoren prüfen die Banklage nach den ihnen vom Finanzminister gegebenen Instruktionen und senden ihre Berichte über das Prüfungsergebnis dem Kolonialminister und dem Finanzminister ein.[1])

Als dritte Aufsichtsbehörde ist noch die Überwachungskommission der Kolonialbanken in Paris zu nennen, die neun Mitglieder zählt.[2]) Sie hat dem Präsidenten der französischen Republik alljährlich Bericht zu erstatten über ihre Aufsichtstätigkeit sowie über die allgemeine Lage der Banken. Der Bericht wird im Journal officiel abgedruckt. Die Kommission hat nicht die Aufgabe und das Recht, in die Verwaltung und Leitung der Bank einzugreifen. Sie soll nur dem Kolonialministerium Verbesserungsvorschläge unterbreiten und auf Mängel der Statuten sowie auf Gesetzwidrigkeiten in der Bankleitung aufmerksam machen. Wenn die Überwachungskommission trotzdem oft ihren Willen durchsetzte und gewisse Maßnahmen der Banken erzwang, so verdankte sie das in erster Linie ihrer sachverständigen Einsicht und ihrer im allgemeinen durchaus zutreffenden Beurteilung der Verhältnisse. Natürlich war es ihr bei der weiten Entfernung von den Kolonien nicht möglich, stets das Richtige zu treffen. Der einzige Vorwurf fast, den man der Kommission machen könnte, ist der, daß ihre Warnungen und Ratschläge leider meist zu spät kommen. Die Überwachungskommission stand eben so oft vor faits accomplis, ehe sie noch hatte einschreiten können. Der eben gerügte Mangel fällt also der Kommission nicht zur Last. Diese Einrichtung hat sich im Gegenteil vollauf bewährt.

Wir rekapitulieren: Die Kolonialbanken sind Privatbanken; denn ihr Kapital gehört privaten Anteilseignern, die bis zur Höhe ihres Anteils für die Bankverbindlichkeiten haften, und die Aktionäre haben durch die Generalversammlung und den Verwaltungsrat Einfluß auf den Gang der Bankgeschäfte. Doch sind ihre Rechte und Befugnisse im Vergleiche mit dem bei uns

---

[1]) Statuten Art. 56.

[2]) Gesetz 1874 Art. 15.

geltenden Aktienrechte stark beschränkt und zwar zugunsten des Staates.

Auch haben die Aktionäre keine Möglichkeit, einseitig die Statuten abzuändern.

All dies erklärt sich aus folgendem:

a) Die Kolonialbanken sind errichtet nicht durch Rechtsgeschäft privater Gründer, sondern durch einen Akt der Staatsgewalt.

b) Organisation und Statuten der Bank sind durch Gesetze festgelegt und nur durch Gesetze abänderbar.

c) Der Direktor der Kolonialbanken, der den maßgebendsten Einfluß in der Bankleitung hat, ist ein Staatsbeamter.

d) Auch die Bankkontrolle durch Zensoren, Inspektoren und Überwachungskommission ist in der Hauptsache eine staatliche Angelegenheit.

Wenn wir noch das Notenprivileg der Kolonialbanken in Betracht ziehen, das weiter unten zu behandeln sein wird, so können wir sagen: Die Kolonialbanken sind privilegierte Privatbanken, die unter staatlichem Einfluß und staatlicher Aufsicht stehen.

Es ist wohl nicht zu leugnen, daß bei den französischen Kolonialbanken an Überwachung und Beaufsichtigung des Guten zu viel geschehen ist. Immerhin ist zu bedenken, daß eine strenge Aufsicht wegen des Notenausgaberechts wohl am Platze war und sich auch dadurch noch rechtfertigte, daß der Staat den Banken bei ihrer Errichtung ganz bestimmte Ziele gesetzt hatte, die mit eng begrenzten Mitteln erreicht werden sollten.

Das führt uns zur Erörterung des Geschäftskreises der Kolonialbanken.

---

3. Kapitel.

DER GESCHÄFTSKREIS DER KOLONIALBANKEN INSBESONDERE.

Ein Grundsatz beherrscht die Geschäftstätigkeit der Banken: sie dürfen unter keinen Umständen andere als die ihnen durch die Statuten erlaubten Geschäfte machen.[1]) Der Geschäftskreis der Kolonialbanken ist also begrenzt, wie dies bei den Notenbanken der Fall zu sein pflegt.

Die Banken haben ganz allgemein gesprochen u. a. auch die Aufgabe, die in einer Volkswirtschaft frei verfügbaren Kapitalien an sich zu ziehen, um sie an Kapitalbedürftige wieder zu verteilen. Die verschiedenen Arten der auf die erstgenannte Aufgabe gerichteten Tätigkeit faßt man zusammen unter dem Namen: Passivgeschäfte. Hier macht die Bank in den verschiedensten Formen Anleihen beim Staat oder Publikum. Der Verteilung der so gesammelten Kapitalien dienen die sogenannten Aktivgeschäfte, mittelst deren die Bank ihre Kapitalien nutzbringend und werbend anlegt. Die Passivgeschäfte sind nur das Mittel, die Aktivgeschäfte dagegen der Zweck der Banktätigkeit. Doch verlangt die goldene Bankregel, daß sich die Aktivgeschäfte nach den Passivgeschäften richten. Darüber später mehr. Hier gilt es, festzustellen, welches die Aktiv- und welches die Passivgeschäfte der Kolonialbanken sind.

Wenn wir den Artikel 10[2]) der Bankstatuten, der die Geschäfte der Banken aufzählt, durchgehen, so finden wir folgende

---

[1]) Statuten 1901 Art. 9.

[2]) Art. 10 lautet:

Die Bankgeschäfte bestehen darin:

1. Eigene Wechsel oder Tratten mit 2 oder mehr Unterschriften, die an ihrem Ausstellungsorte zahlbar sind, zu diskontieren.

2. Direkte oder an Order gestellte Tratten oder Anweisungen auf Frankreich oder das Ausland zu begeben, zu diskontieren oder zu kaufen.

3. Vorschüsse zu geben auf handelsmäßige oder nicht handelsmäßige Schuldscheine, welche garantiert sind:

a) durch Warrants oder Lagerscheine von Waren, die hinterlegt sind in öffentlichen Lagerräumen oder in privaten Räumen, deren Schlüssel der Bank regelrecht eingehändigt sind;

b) durch Abtretung der Ernte auf dem Felde;

c) durch Konnossemente, die an Order gestellt und regelrecht indossiert sind;

d) durch Abtretung von Rentenbriefen, Aktien der Bank oder von Wertpapieren, welche die Bank von Frankreich als Sicherheit für Vorschüsse zuläßt;

Aktivgeschäfte: Das Diskontgeschäft (Art. $10,_{1,2}$) zusammen mit dem Ankauf von Wechseln (Art. $10,_{2}$), ferner die Darlehensgeschäfte des Art. $10,_{3}$, das aktive Kontokorrentgeschäft, bestehend in Auszahlungen auf Effekten, die der Bank eingehändigt sind, in der Besorgung von Aufträgen und Bezahlung von Schecks und Anweisungen (Art $10,_{4}$); sodann das Subskriptionsgeschäft (Art. $10,_{6}$), das gleichsam auch ein Kauf von Effekten ist. Zweifelhaft kann die Natur des Handels mit Edelmetallen (Art. $10,_{9}$) sein. Doch wird man den Kauf von Edelmetallen zu den Aktivgeschäften rechnen dürfen (und ihren Verkauf zu den Passivgeschäften), denn ein Kauf, z. B. von Goldbarren, kann angesehen werden als ein Darlehen, bei dem infolge einer clausula commissoria das Pfand, hier die Goldbarren, an die Stelle der ursprünglich zurückzuzahlenden Darlehenssumme getreten ist.

Zu den Passivgeschäften der Kolonialbanken gehört: Das Depositengeschäft (Art. $10,_{5}$), desgleichen die Annahme der auf öffentliche Anleihen gezeichneten Beträgen (Art. $10,_{7}$), die Rückdiskontierung und der Verkauf von Wechseln, vor allem aber die Ausgabe von Noten, Anweisungen, Solawechseln und Tratten (Art. $10,_{8}$). In der Praxis sind Aktiv- und Passivgeschäfte nicht so scharf wie hier getrennt, sondern eng miteinander verknüpft,

---

e) durch Hinterlegung von Barren, Münzen oder Gegenständen von Gold und Silber.

4. Für Rechnung von Privaten oder von öffentlichen Anstalten Ein- und Auszahlungen auf Effekten, die der Bank eingehändigt sind, zu besorgen und alle Anweisungen und Aufträge zu bezahlen.

5. Gegen eine Verwahrungsgebühr in Empfang zu nehmen freiwillige Dépôts von Schuldtiteln, Barren, Münzen und Gegenständen von Gold und Silber.

6. Alle vom Staat oder von der Kolonie eröffneten Anleihen zu zeichnen bis zur Höhe des Reservefonds.

7. Mit Ermächtigung des Kolonialministers die auf öffentliche in der Kolonie oder in Frankreich eröffnete Anleihen gezeichneten Beträge entgegenzunehmen.

8. Noten, die dem Inhaber auf Sicht zahlbar sind, ferner eigene Wechsel, Tratten oder Anweisungen auszugeben.

9. Handel zu treiben mit gemünztem oder ungemünztem Gold und Silber.

meist durch den Kontokorrentverkehr zwischen der Bank und ihren Kunden.

Es könnte scheinen, als ob wir bei Aufzählung der Passivgeschäfte der Kolonialbank das ursprünglichste und augenscheinlichste vergessen hätten: die Einzahlungen der Aktionäre auf die Aktien der Bank. Das Grundkapital ist doch die erste Anleihe, welche die Bank beim Publikum macht, freilich nicht immer die bedeutendste. Trotzdem können wir das Grundkapital bei Betrachtung der Passivgeschäfte außer acht lassen, denn es ist bei den fünf Kolonialbanken kein Betriebskapital, das seinen Gegenwert in dem Wechsel- und Metallbestande der Bank fände, sondern tatsächlich ein Garantiekapital, das zur Deckung der Notenausgabe dient und in Rentenbriefen angelegt ist. Es hat somit einmal zu einem Aktivgeschäft, nämlich zum Ankauf öffentlicher Anleihen, gedient, kommt aber für die Geschäftstätigkeit der Bank unmittelbar nicht in Betracht.

§ 5.

PASSIVGESCHÄFTE DER KOLONIALBANKEN.

Das hauptsächlichste Passivgeschäft der Kolonialbanken ist ihre Notenausgabe.

1. Wie schon öfter angedeutet, sind die fünf Kolonialbanken unter Ausschluß aller anderen Kreditanstalten ermächtigt, in der Kolonie, in der sie errichtet sind, Noten auf den Inhaber in Höhe von 500, 100, 25 und 5 fr. auszugeben. Die Noten sind auf Sicht zurückzahlbar am Sitze der Bank, die sie ausgegeben hat. Doch brauchen die 5 fr.-Noten nur in Beträgen von 25 fr. zurückgezahlt zu werden. An diese 5 fr.-Noten knüpft sich eine lange Geschichte. Das Gesetz von 1851 (Art. 5) hatte ihre Ausgabe nicht gestattet, obwohl sie schon 1849 in den französischen Antillen von den dort provisorisch eingerichteten caisses de prêts sur dépôts de denrées ausgegeben und selbst bei den Schwarzen sehr beliebt waren. Die 5 fr.-Noten drangen freilich mehr in den Verkehr ein als die Noten, welche auf größere Summen lauten, und man fürchtete, daß jene bei

einer Panik haufenweise zur Bank zurückströmen und dadurch den Metallvorrat der Bank in kritischer Zeit bedenklich vermindern würden. Aber sollte man nicht das Zutrauen zu der Bankleitung haben, daß sie am besten beurteilen würde, bei welcher Stückelung der Noten Halt zu machen sei? Auf den Wunsch der Banken wurden daher 1874 auch 5 fr.-Noten zugelassen. Es blieb noch die Befürchtung, daß die neuen 5 fr.-Noten die silbernen 5 fr.-Stücke aus dem Verkehre verdrängen möchten. Was damals befürchtet wurde, ist später tatsächlich eingetreten. Doch war daran nicht die Ausgabe von 5 fr.-Noten schuld, sondern der Umstand, daß die Noten nur in der Kolonie zirkulieren und nicht wie das Metallgeld zu Rimessen verwendet werden konnten. Bei passiver Zahlungsbilanz wanderte das Metallgeld aus, die Noten dagegen blieben in der Kolonie zurück.

Die Höhe des Notenumlaufs ist durch zwei Bestimmungen beschränkt. Erstens soll der Notenumlauf stets zu einem Drittel metallisch gedeckt sein. Als 1855 und später 1879 bezw. 1884 in den Zuckerkolonien Kassenscheine mit Zwangskurs ausgegeben wurden, erhielten die Banken die Erlaubnis, diese Kassenscheine in ihren Metallbestand aufzunehmen. Eine weitere Grenze ist dem Notenumlauf dadurch gesetzt, daß der Gesamtbetrag der im Umlauf befindlichen Noten sowie aller sonstigen Schulden der Bank den dreifachen Betrag ihres Grundkapitals und ihrer Reserven nicht überschreiten darf. Soweit dieser Gesamtbetrag aller Bankverbindlichkeiten über jene Grenze hinausgeht, muß ihm ein freier, d. h. nicht zur Drittelsdeckung des Notenumlaufs benötigter Metallvorrat entsprechen.[1]) Kapital und Reserven der Kolonialbanken sind seit langer Zeit in Rentenbriefen angelegt, die einen schwankenden Kurs haben. Um nun für die Berechnung des Maximums der Bankverbindlichkeiten eine feste Grundlage zu gewinnen, war 1863 bestimmt worden, daß die dreiprozentigen Rentenbriefe der Kolonialbanken zum Kurse von 75 fr. pro 3 fr. Rente kapitalisiert werden sollten. Das entsprach einem Kurse von 75 fr. pro 100 fr. Nominalwert, war also bei dem damaligen Rentenkurse von 70 fr. um 5 fr. zu günstig für

[1]) Gesetz 1901 Art. 4.

die Kolonialbanken. In den 90er Jahren des vergangenen Jahrhunderts war der alte Kapitalisationskurs um 25 fr. zu niedrig geworden, da der tägliche Kurs der Renten sich um den Parikurs bewegte. Deshalb wurde durch Dekret vom 9. 4. 1902 der Kapitalisationskurs für die Rentenbriefe auf 90 fr. pro 3 fr. Rente erhöht, so daß die Banken jetzt noch immer gegen einen Kursrückgang geschützt sind.

Die Noten der Kolonialbanken sind im ganzen Umkreise der betreffenden Kolonie gesetzliches Zahlungsmittel für Private wie für die öffentlichen Kassen.[1]) Sie haben also nicht nur Kassenkurs; auch der Staat kann sie zu Zahlungen an die Bank oder an andere Privaten benutzen.

Das Gesetz spricht von „cours légal“, dieser wird definiert mit: cours obligatoire accompagné du remboursement à volonté. Die Einlösung der Noten auf Sicht sichert ihre Münzparität; sie ist zugleich auch die Voraussetzung für ihre gesetzliche Zahlungskraft: in dem Augenblicke, wo die Bank ihre Zahlungen einstellte, würden die Noten der Bank aufhören, gesetzliches Zahlungsmittel zu sein. Der Staat könnte die in seinen Kassen angesammelten Noten nicht mehr zu Zahlungen an Private benutzen, und dem Geldverkehr wäre das wichtigste Umlaufsmittel mit einem Schlage entzogen. Die Zahlungseinstellung einer Kolonialbank müßte ein Stillstehen aller Geschäfte notwendig nach sich ziehen. Um ein solches Unglück von der Kolonie abzuwenden, beschloß der Generalrat von Réunion 1894, der Bank von Réunion, deren Liquidation zu befürchten stand, durch eine Subvention von 1,5 Millionen fr. aus ihrer schlimmen Lage zu helfen.[2]) Der französische Gesetzgeber wurde durch dieses Ereignis auf eine Lücke im Kolonialbankgesetze von 1874 aufmerksam und er bestimmte 1901 im Art. 57 der Statuten, daß im Falle einer Liquidation einer Kolonialbank der Kolonialminister im Einklang mit dem Finanzminister die Bedingungen für den Umlauf und die Zurückzahlung der Banknoten provisorisch festsetzen soll.

[1]) Gesetz 1901 Art. 4.

[2]) Denizet a. a. O. S. 179.

Welch großes Interesse die Kolonie an der Einlösung der Noten auf Präsentation hat, ist eben gezeigt worden. Eine Beschränkung des Notenumlaufs auf einen dem jeweiligen Metallbestand der Bank entsprechenden Betrag hätte die Rückzahlung der Banknoten völlig sicher gestellt. Aber die Noten sollten nicht nur ein Ersatz der Münzen, also bloßes Umlaufsmittel, sondern zugleich auch Kreditmittel sein, d. h. sie sollten der Bank die von ihr zu ihren Aktivgeschäften benötigten Kapitalien liefern. Darum waren die oben S. 29/30 erwähnten Bestimmungen über den Notenumlauf durchaus am Platze.

Durch die Notenausgabe verschafft die Bank sich unverzinsliche Darlehen, die sie ihrerseits wieder gegen Zins ausleihen kann. Nun werden die Banknoten in den seltensten Fällen durch bloßen Umtausch gegen Bargeld in den Verkehr kommen (das wäre aber die notwendige Folge, wenn die Noten völlig bar gedeckt sein müßten). Der Hauptvorteil der Notenausgabe besteht ja aber für die Bank darin, daß sie über ihren Barvorrat hinaus Noten ausgeben darf. Sie kann und wird deshalb ihre Darlehen vorzugsweise in Noten gewähren, ihre Schulden möglichst durch Notenabgabe zahlen. Denn diese Noten sind ja gesetzliches Zahlungsmittel innerhalb der Kolonie. Ihre Bedeutung reicht aber noch weiter. Die Noten ersparen die Kosten der Herstellung, des Transports und der Abnutzung der Geldmünzen; sie erhöhen die Elastizität des baren Geldes, indem für 100 fr., die in den Kassen der Bank liegen, 300 fr. in Noten zirkulieren können, und sie sind ein einzigartiges Mittel, um den in der Kolonie vorhandenen Geldvorrat dem stark und periodisch schwankenden Geldbedarfe der Kolonie mühelos anzupassen.

2. Neben der Notenausgabe ist das Depositengeschäft das bedeutendste Passivgeschäft der Kolonialbanken. Es ist zu unterscheiden zwischen den Dépôts à titre de gage, die bei einem Darlehen hingegeben werden, und zwischen den Dépôts volontaires. Von diesen ist hier zunächst nur die Rede.

Nach Art. 10,5 der Statuten dürfen die Banken gegen eine Verwahrungsgebühr Schuldverschreibungen, Barren, Münzen und

Gegenstände von Gold und Silber in Verwahrung nehmen. Die Vorteile des Hinterlegers: Schutz gegen Verluste durch Erdbeben, durch Diebstahl oder Feuer im eigenen Hause waren bei der verhältnismäßig geringen Sicherheit in den französischen Kolonien recht erheblich. Leider läßt sich aus den jährlichen Berichten der Überwachungskommission nicht ersehen, welcher Gebrauch von diesen Dépôts zur Verwahrung gemacht worden ist. Die Bankkunden pflegen ihre Gegenstände von Gold und Silber nicht ohne weiteres der Bank zur Verwahrung hinzugeben; sie ziehen es vor, bei dieser Gelegenheit ein Darlehen aufzunehmen, das oft nur einen kleinen Bruchteil des in dem hinterlegten Gegenstande steckenden Werts bildet. Werden nun aber bei Hinterlegung solcher Gegenstände keine Vorschüsse verlangt und gegeben, so erhebt die Bank unmittelbar vom Werte der hinterlegten Gegenstände eine Verwahrungsgebühr, deren Höhe vom Verwaltungsrat festgesetzt wird. Diese Gebühr verbleibt der Bank, auch wenn der Hinterleger noch vor der für die Zurückgabe des Dépôts bestimmten Zeit Vorschüsse auf sein hinterlegtes Gut verlangt und erhält.[1] Eine Erweiterung der Dépôts zur bloßen Verwahrung, welche die Bank ja nicht für eigene Zwecke benutzen darf, liegt in der Übernahme von Depositen zur Verwaltung, wie sie Art. 10,4 der Statuten vorsieht.[2] Diese Depositen zur Verwaltung geben der Bank Veranlassung zur Erhebung einer Kommissionsgebühr oder Provision. Darf die Bank über die ihr eingehändigten Gelder oder Wertpapiere oder anderen vertretbaren Sachen gar noch frei verfügen, so liegt ein depositum irregulare vor. Diese sogenannten Depositen zur Verwendung sind das eigentliche Depositengeschäft der Bank. Die Depositen sind ebenfalls ein Mittel für die Bank, die frei verfügbaren Kapitalien der Kolonie an sich zu ziehen, um sie nutzbringend zu verwenden. Hier winkte den Kolonialbanken eine große Aufgabe, zumal wenn sie auch Depositen, die aus Frankreich oder dem Auslande stammten, annahmen. Ein Depositenzins, der annähernd dem Diskontsatze gleichkäme, hätte die Depo-

[1] Statuten 1901 Art. 21.

[2] S. S. 27.

sitengelder der Bank mächtig anwachsen lassen, da der Diskontsatz in Paris wesentlich niedriger war als in den Kolonien. Diese ganze Entwickelungsmöglichkeit des Depositengeschäfts war den Banken aber von vornherein genommen, da Art. 19 ihrer Statuten ihnen die Annahme von zinstragenden Depositen verbot und auch jetzt noch verbietet. Man begründete dies Verbot mit der Befürchtung, es möchten sonst die Depositen zu stark anwachsen und die Bank dadurch veranlaßt werden, über das wirkliche Kreditbedürfnis hinaus Darlehen zu gewähren, nur um die durch die Depositen erhaltenen Kapitalien nutzbringend anzulegen. Diese Befürchtung war zum großen Teile berechtigt. Auf der anderen Seite hatte aber das Zinsverbot für Depositen das Mißliche, die freien Kapitalien der Kolonie den Sparkassen in die Arme zu treiben, wo sie bald in Rentenbriefen angelegt wurden. Wenn nun die Bank auch als Entgelt für die zinslose Überlassung von Geldkapitalien dem Deponenten alle Aufträge und Anweisungen auf sein Konto kostenlos besorgte, so waren doch diese Vorteile wenigstens im Anfange nicht groß genug, um eine erhebliche Ausdehnung des Depositenverkehrs herbeizuführen. Das war noch von einem andern Gesichtspunkte aus bedauerlich. Eng verknüpft mit dem Depositengeschäft ist der Giroverkehr. Die Einrichtung, daß ein Bankkunde sein Guthaben ganz oder zum Teil durch bloßes Giro auf ein anderes Konto übertragen kann, war an sich sehr geeignet, den Geldverkehr zu erleichtern, den Geldbedarf zu vermindern und dadurch der Geldnot in den Kolonien abzuhelfen. Da aber der Depositenverkehr gering war — die Depositen erreichten selten die Höhe des Grundkapitals der Kolonialbanken —, blieb auch der Giroverkehr unentwickelt. Mehr benutzt wurde eine andere Form der Verfügung über ein Bankguthaben: der Scheck. Scheck- sowie Giroverkehr setzen ein Kontokorrent mit der Bank voraus. Es empfiehlt sich deshalb, an dieser Stelle die Grundzüge des Kontokorrentverkehrs der Banken darzulegen.

Das Kontokorrentgeschäft ist kein besonderes Bankgeschäft, sondern nur ein Mittel, um die verschiedensten Bankgeschäfte zu konzentrieren und dadurch zu vereinfachen. Das Kontokorrent besteht darin, daß die Kunden der Bank ihre laufenden Einnahmen, soweit sie diese nicht unmittelbar benötigen, bei der Bank einlegen und zwar zur freien geschäftlichen Benutzung derselben, und sich die Zurückziehung nach vereinbarten Fristen vorbehalten. Die Kolonialbanken besorgen dafür alle Ein- und Auszahlungen auf die bei ihr eingereichten Wertpapiere, Schecks oder Anweisungen, also das ganze Inkassogeschäft des regulären Bankverkehrs; sie ersparen so dem Einleger die Mühen und Kosten der eigenen Kassenverwaltung, und sie selbst haben den Vorteil dabei, die Gelder ihrer Kunden zu eigenen geschäftlichen Unternehmungen heranziehen zu können. Das Kontokorrent ist oft die Form für die Eröffnung eines Kredits an Private, Gemeinden oder an den Staat. Das Kontokorrent mit dem Nationalen Diskontkontor in Paris vermittelt den Kolonialbanken den einheimischen Kredit. Der volkswirtschaftliche Nutzen des Kontokorrentverkehrs liegt in der Steigerung der Elastizität des baren Geldes. Die in den Kolonien vorhandenen Kapitalien werden durch die Bank aufgesogen, fortdauernd in den Verkehr gebracht und im Umlauf erhalten. Da hierdurch die einzelne Münze zu besserer Verwertung gelangt, so genügt schließlich ein geringerer Geldvorrat zur Geldversorgung der Kolonie, als er sonst, d. h. beim Fehlen des Kontokorrentverkehrs benötigt würde. Noch wichtiger ist aber, daß durch die Tätigkeit der Bank die Einlage eines Bankkunden mehrfache wirtschaftliche Aufgaben zu gleicher Zeit übernimmt.[1]) Z. B. ein Importeur zahlt bei einer Kolonialbank 1000 fr. in bar ein und bestellt dafür bei der Bank Anweisungen (Rimessen) auf das Ausland. Der um 1000 fr. erhöhte Metallbestand gestattet nunmehr der Bank, ihren Notenumlauf um 3×1000 fr. $=$ 3000 fr. zu vermehren. Mit diesen 3000 fr. Noten kann sie einem Pflanzer ein Darlehen gewähren, der Pflanzer seine Arbeiter entlohnen und diese wiederum Einkäufe machen. Alles dies vollzieht sich innerhalb derselben Zeit, für welche die obige Geldsumme übergeben ist. Dieselbe Summe hat damit mehrfache wirtschaftliche Funktionen (als Garantie-

[1]) J. Conrad, Grundriß zum Studium der politischen Ökonomie. I. Nationalökonomie, Jena 1902, S. 149.

mittel, als Mittel der Kreditgewährung, als Zahlungsmittel) zu gleicher Zeit übernommen und leistet deshalb für die Gesamtheit das Mehrfache von dem, was ohne Vermittelung der Bank möglich wäre. Da die Zunahme des Wohlstandes eines Landes abhängt von der Steigerung der Intensität seiner Geldzirkulation, so bestand die Möglichkeit, durch den Kontokorrentverkehr der Kolonialbanken die Entwickelung der Kolonien bedeutend zu fördern auch ohne Erhöhung des Kapitalvorrats der Kolonie.

Die im Kontokorrentverkehr der Bank gemachten Einlagen können auf verschiedene Weise abgehoben werden. Gewöhnlich händigt die Bank ihren Kunden ein Scheckbuch aus, so daß der Kunde durch den Scheck beliebige Beträge bis zur Höhe seiner Einlage entnehmen, oder auf das Konto eines anderen Bankkunden girieren oder einen dritten bezahlen lassen kann. Oft erhält der Deponent von der Bank nur einen Empfangsschein (récépissé), welcher Natur und Wert des hinterlegten Gegenstandes, Namen und Wohnung des Hinterlegers, Datum der Hinterlegung, Termin für die Rückgabe und Nummer der Eintragungsliste (letzteres zur Sicherung gegen Fälschung) angibt.[1]) Diese récépissés haben keine Orderqualität und können nicht durch Indossament übertragen werden. Da die hinterlegten Gegenstände auch Geld sein können und da ausbedungen werden darf, daß die Geldsumme auf Verlangen jederzeit zurückzahlbar sei, so gibt es auch récépissés d'espèces payables à vue. Es entsteht nun die Frage, wie sich diese Art von récépissés zum Scheck und zur Banknote verhält. Alle drei sind auf Sicht zahlbare Bankverbindlichkeiten; deshalb werden diese récépissés bei der Bestimmung des Notenumlaufs mit eingerechnet; alle drei Papiere sind Inhaberpapiere. Allein Noten lauten nur auf Beträge von 500, 100, 25 und 5 fr.; récépissés und Schecks auch auf andere, auch nicht runde Summen; beide wurden sehr oft in Beträgen von 2 fr., 1 fr. und 0,50 fr. ausgestellt zur Erleichterung der Zahlungen im Kleinverkehr. Scheck und récépissé müssen vollkommen metallisch gedeckt sein; Noten brauchen

---

1) Statuten 1901 Art. 21.

es nicht zu sein. Das ist aber auch der einzige wichtige Unterschied zwischen den Noten einerseits und den Schecks und récépissés d'espèces payables à vue andererseits. Zwischen Scheck und récépissé besteht kein prinzipieller Unterschied.

3. Bei der Entgegennahme der Zeichnungen auf öffentliche Anleihen, die in Frankreich oder seinen Kolonien eröffnet werden, spielt die Kolonialbank die Rolle eines Kommissionärs. Sie übernimmt es auch, die durch Staat oder Kolonie ausgegebenen Schuldverschreibungen beim Publikum unterzubringen; sie vermittelt dadurch zwischen Kapital und Arbeit und erleichtert ganz besonders die Ausführung öffentlicher Arbeiten, die im Interesse der Kolonie unternommen werden, aber ohne Anleihe nicht durchführbar sind.

Wir können die Reihe der Passivgeschäfte der Kolonialbanken nicht schließen, ohne die zahlreichen Wechselkreditgeschäfte der Banken wenigstens kurz zu streifen. Die Benutzung des Wechselkredits durch die Kolonialbanken wird aber am besten weiter unten im Zusammenhange mit dem aktiven Wechselgeschäft dargelegt werden.

§ 6.

AKTIVGESCHÄFTE DER KOLONIALBANKEN.

Wir wenden uns numehr den Aktivgeschäften der Kolonialbanken zu und untersuchen, auf welche Art und Weise die Bank die angesammelten Kapitalien verteilt, d. h. (anderen Personen) Kredit gewährt. Man unterscheidet gemeinhin zwei Arten von Kredit: Personalkredit und Realkredit.

Der Personalkredit der Kolonialbanken zeigt die Form des Diskontgeschäfts; der Realkredit wird von ihnen in den verschiedenen Arten des Darlehens gewährt.

Zunächst sei das Diskontgeschäft besprochen.

1. Ein Wertpapier diskontieren heißt, es nehmen unter Abzug eines Zinses, der sich nach Höhe und Laufzeit der im Papier verbrieften Forderung berechnet. Gegen Diskontierung seines Effekts erhält der Diskontnehmer Bargeld. Der Diskontabzug ist

somit für ihn zum Teil eine der Bank für die Beschaffung von Bargeld gezahlte Provision. Die diskontierende Bank erwirbt durch das Diskontgeschäft eine befristete Forderung, das heißt soviel: sie legt ihr Geld in einer kurzfristigen Forderung an. Durch Bezahlung des Wertpapiers am Verfalltage werden die Kapitalien der Bank wieder frei. Der Gewinn der Bank beim Diskontgeschäft rührt daher, daß der Diskont vom Nominalwerte der befristeten Forderung, nicht von ihrem Werte zur Zeit der Diskontierung erhoben wird. Gewöhnlich ist die Bank beim Diskontgeschäft Kreditgeberin; natürlich kann sie aber auch ein diskontiertes oder von ihr ausgestelltes Effekt weiter diskontieren (réescompter), z. B. wenn sie Bargeld benötigt. Diese Rückdiskontierung ist dann ein Passivgeschäft, bei dem die Bank einen Zins zahlt in Form des von ihr zu tragenden Diskontabzugs. Da der Bank durch die Rückdiskontierung ein Teil des bei der Diskontierung gemachten Gewinns verloren geht, so wird sie freiwillig nur dann Effekten rückdiskontieren, wenn sie hoffen darf, ihre so frei werdenden Kapitalien zu höherem Zinse anlegen zu können.

Im folgenden betrachten wir nur den Fall der direkten Diskontierung, wobei die Bank Kreditgeberin ist. Für die Rückdiskontierung gilt ja dasselbe, was über die Diskontierung gesagt werden wird; nur sind dort die Rollen vertauscht.

Die Kolonialbanken dürfen diskontieren erstens Solawechsel sowie Tratten, die an ihrem Ausstellungsorte zahlbar sind, zweitens Tratten und Anweisungen auf das Ausland oder Frankreich. Diese können Rekta- oder Orderpapiere sein, jene nur Orderpapiere.[1]) Merkwürdig ist, daß im Gesetze von Wechseln auf die Kolonie, die an einem anderen Orte als ihrem Ausstellungsorte zahlbar sind, gar nicht die Rede ist. Zwar sprach das Gesetz von 1851 im Art. 12,1 ganz allgemein von „Wechseln und anderen Orderpapieren", worunter sowohl Platzwechsel wie Distanzwechsel auf die Kolonie, Frankreich oder das Ausland verstanden werden konnten. Aber der Wortlaut der §§ 1 und 2 des Art. 10 des

[1]) Statuten 1901 Art. 10, 1 u. 2.

Gesetzes von 1901,[1]) welche den § 1 des Art. 12 des Gesetzes von 1851 ersetzt haben, schließt die sogenannten Distanzwechsel auf die Kolonie vom Diskont der Banken aus gemäß dem Grundsatze, daß die Bank nur die von den Statuten erlaubten, d. h. erwähnten Geschäfte treiben darf. Indes liegt hier zweifellos eine Lücke im Gesetze vor, welche sich vielleicht erklärt aus der geringen Bedeutung, welche die Distanzwechsel auf die Kolonie solange haben und behalten mußten, als die Kolonialbanken keine Filialen oder Geschäftsstellen gegründet hatten (was bis 1901 noch nicht geschehen war).

Die Diskontierung der auf das Ausland oder Frankreich ausgestellten Wechsel ist das Gegenstück zur Ausgabe von Anweisungen und Tratten auf Frankreich oder das Ausland; sie wird am besten im Zusammenhange mit den Wechselgeschäften der Banken besprochen, von denen sie einen Teil bildet.

Hier ist nur die Rede von der Diskontierung von Platzwechseln. Sie ist durch die Statuten der Banken an verschiedene, teils sachliche, teils persönliche Voraussetzungen geknüpft. Erstens muß der Wechsel unterschrieben sein von mindestens zwei Personen, die notorisch zahlungsfähig und in der Kolonie ansässig sind.[2]) Doch kann die zweite Unterschrift auf dem Wechsel durch bestimmte Pfänder ersetzt werden.

Zweitens darf die Verfallzeit des Wechsels 120 Tage nicht übersteigen. Und schließlich muß der Wechsel zum Diskont eingereicht sein durch eine zum Diskont zugelassene Person.[3])

Die Kolonialbanken verlangen also nur zwei Unterschriften auf dem Wechsel, die Bank von Frankreich dagegen deren drei — ein wichtiger Unterschied! An sich sind ja nur zwei Unterschriften nötig. Denn das Diskontgeschäft entspringt oder soll wenigstens entspringen einem schon vollzogenen Verkaufe, z. B. von Waren. Beim Solawechsel stammt die erste Unterschrift vom Käufer, der das Papier ausstellt zwecks Zahlung seiner Schuld an den Verkäufer; die zweite ist diejenige des Verkäufers der

---

[1]) S. oben S. 26.

[2]) Statuten Art. 11/12.

[3]) Statuten 1901 Art. 20.

Ware und ersten Indossanten des Wechsels, der durch Einreichung zum Diskont möglichst bald den Gegenwert der Ware in Geld, d. h. ihren Preis, zu erhalten strebt. Bei der Tratte zieht der Verkäufer einer Ware einen Wechsel auf den Käufer, den dieser akzeptiert. In beiden Fällen genügen zwei Unterschriften. Die dritte Unterschrift, die in Frankreich meist noch verlangt wird, rührt gewöhnlich von einem Privatbankier her, der das von ihm indossierte Papier der Bank zum Diskont präsentiert; sie erhöht die Sicherheit des Wechsels, indem der Privatbankier die Zahlungsfähigkeit des Ausstellers und des ersten Indossanten oder des Akzeptanten prüft und sich durch seine Unterschrift für die Einlösung des Wechsels haftbar macht. Der Privatbankier tut aber, genau betrachtet, nichts anderes, als daß er dem von ihm diskontierten Papier mit zwei Unterschriften noch die seinige hinzufügt und das Papier dann der Bank präsentiert; er leiht zuerst Geld aus zu einem relativ hohen Diskontsatz und borgt sich dann von der Bank Geld zu einem niederen Satze: Der Unterschied zwischen den beiden Diskontsätzen bildet den Gewinn des Privatbankiers. Indem man nun das Erfordernis von drei Unterschriften beseitigt, wird die Vermittelung eines Privatbankiers zwischen der Kolonialbank und dem ersten Indossanten bezw. dem Akzeptanten eines Wechsels unnötig, und der Bank fällt nunmehr der Gewinn zu, den bislang der Privatbankier einheimste. Man kann einwenden, daß die Kolonialbanken auf diese Weise für den höheren Diskontgewinn ein gefährliches Risiko eingetauscht haben. Dem ist entgegenzuhalten, daß oft die Unterschrift des Privatbankiers eine sogenannte signature de complaisance ou sans valeur und dann den Kolonialbanken verboten ist durch Art. 11 der Statuten, oder daß sie unnötig ist, wenn auch nur einer der zwei Wechselverpflichteten seiner Zahlungsverpflichtung nachkommen kann, oder daß sie zu teuer erkauft ist durch den geringeren Diskontgewinn, den die Vermittlung des Privatbankiers für die Bank zur Folge haben würde. Ausschlaggebend war für den Gesetzgeber die Tatsache, daß es in den Kolonien keine Privatbankiers gab. Das Verlangen nach drei Unterschriften war also in den

Kolonien unerfüllbar oder es hätte, wenn es dennoch gestellt wäre, die in den Statuten vorgesehenen Diskontgeschäfte zu einem toten Buchstaben gemacht. Zu beachten ist jedoch noch eins: Die Kolonialbanken können Wechsel mit zwei Unterschriften diskontieren, sie brauchen es nicht zu tun. Damit war von vornherein einer eventuellen Entwickelung und Ausbreitung des Privatbankwesens in den Kolonien Rechnung getragen.

Es liegt in dem eigenen Interesse der Kolonialbanken, die von ihren Statuten verlangte Zahlungsfähigkeit der zwei Wechselverpflichteten sorgfältig zu prüfen und vor allem die Konzentration ihrer Wechselforderungen auf einige wenige Schuldner gemäß dem Grundsatze der Risikoverteilung zu verhindern. Nun waren die Einwohner der französischen Kolonien nicht zahlreich, so daß jede Kolonialbank an sich unschwer imstande war, sich über die Zahlungsfähigkeit ihrer Kunden zu informieren. Ihr Kundenkreis war also klein — das begünstigte eine Konzentration der Wechsel —, und andererseits hatte die eigenartige Entstehung der Kolonialbanken zur Folge gehabt, daß Verwaltungsrat und Aktionäre der Bank mehr oder weniger auch Kunden der Bank waren. Wie sollte da in praxi die Bestimmung der Statuten durchgeführt werden, daß die Eigenschaft als Aktionär kein Vorzugsrecht gäbe bei der Zulassung zum Diskont, zumal nur ein Mitglied des Verwaltungsrats oder zwei Kontokorrentinhaber der Bank das betreffende Verlangen zu unterstützen brauchten?

Wirksameren Schutz gewährt den Kolonialbanken eine neue Bestimmung des Gesetzes von 1901,[1]) wonach jeder Verwalter der Bank seines Amts verlustig geht, wenn er seine Wechselverpflichtungen der Bank gegenüber nicht erfüllt. Ferner darf kein Wechsel oder Schuldschein, den der Direktor der Bank ausgestellt hat, von der Bank zum Diskont zugelassen werden.[2])

Schon das Gesagte zeigt, eine wie gefährliche Klippe das Diskontgeschäft für die Bank werden kann, wenn der Direktor lokalen und persönlichen Einflüssen allzu leicht nachgibt.

Kurze Verfallzeiten sowie die Zahlungsfähigkeit der Wechsel-

[1]) Statuten 1901 Art. 50.
[2]) Statuten Art. 45.

schuldner geben dem Wechselportefeuille ihren Wert. Nun verlangt Art. 11 der Statuten in bezug auf die Verfallzeit der Wechsel nur, daß sie 120 Tage nicht übersteigt. Das ist aber ein Drittel mehr, als die längste für die Bank von Frankreich zugelassene Frist (90 Tage) und doppelt so hoch als die durchschnittliche Verfallzeit der von der Bank von Frankreich diskontierten Wechsel (nämlich 59—60 Tage).[1]) Die Verfallzeit ist bei den Kolonialbanken also sehr lang, wenn man bedenkt, daß sie diese Kredite gewähren mit Geldmitteln, die ihnen auf tägliche Kündbarkeit geliehen sind. Und doch hat es sich im Laufe der Jahre herausgestellt, daß selbst diese lange Verfallzeit für die Verhältnisse der Kolonien noch nicht einmal genügt, und daß ein großer Teil der Gesuche um Erneuerung der Wechseldiskontierung nach Ablauf der Verfallzeit auf diesen Umstand zurückzuführen ist. Diese Erscheinung erklärt sich daraus, daß die Kolonialbanken keinen Unterschied machen, ob der Präsentierer eines Wechsels ein Kaufmann oder ein Pflanzer ist. (An sich ist eine solche Unterscheidung möglich, da der Verwaltungsrat die Zurückweisung vom Diskont nicht zu begründen braucht.[2]) Und doch ist klar, daß der Pflanzer langfristigen Kredit nötig hat, während dem Kaufmann oft schon mit kurzfristigem Kredit gedient sein kann.

Der Diskont wird erhoben nach der Zahl der Tage, die der Wechsel noch läuft, ja selbst nach einem einzigen Tage.[3]) Für Nach-Sichtwechsel wird der Diskont berechnet nach der Zahl der Tage nach Sicht; und wenn der Wechsel außerhalb des Diskontierungsortes zahlbar ist, so vermehrt sich die Zahl der Tage nach Sicht um eine nach der Entfernung des Zahlungsorts bemessene, von dem Verwaltungsrat festzusetzende Frist.

Der Diskontsatz wird vom Verwaltungsrat festgesetzt nach freiem Ermessen. 1874 wollte man die Kolonialbanken zwingen, nicht über den gesetzlichen Landeszinsfuß zu diskontieren. Das wäre eine Unbilligkeit gewesen, da der gesetzliche Zinsfuß in den verschiedenen in Betracht kommenden Kolonien sehr ver-

[1]) Léveillé. Parlam. Bericht 1897.

[2]) Statuten Art. 37.

[3]) Statuten 1901 Art. 18.

schieden hoch war. Auch sagte man sich, daß das wohlverstandene Interesse die Banken selbst veranlassen würde, den Diskontsatz soweit herab zu setzen, als es die Sicherheit der Bank gestattet, um nur die allerbesten Papiere zum Diskont präsentiert zu erhalten. Da Kapital und Reserven der Kolonialbanken überdies in dreiprozentigen Rentenbriefen angelegt sind, so haben die Banken es nicht nötig, in einer mißbräuchlichen Erhöhung des Diskontsatzes das Mittel zur Erzielung hoher Dividenden zu suchen.

Vernünftigerweise ist die gesetzliche Festlegung des Diskontsatzes bisher unterblieben.

Bei der Einlösung der diskontierten Wechsel am Verfalltage ist die Kolonialbank noch besonders bevorzugt. Während Wechselprozesse nach französischem Rechte nur dann vor die Handelsgerichte gehören, wenn der Wechsel von einem Kaufmann ausgestellt ist,[1]) erklärt Art. 12 der Statuten von 1901, daß Aussteller, Akzeptanten, Indossanten und Avalisten von Wechseln, die zugunsten der Kolonialbank ausgestellt oder an sie begeben sind, hinsichtlich ihrer Wechselverpflichtungen den Handelsgerichten unterworfen sind, ganz gleichgültig, ob der Aussteller ein Kaufmann ist oder nicht. Auf diese Weise kommt die prozessierende Kolonialbank rascher und billiger zum Ziel.

Wir erwähnten oben, daß jeder Wechsel ein wirkliches Kaufgeschäft voraussetzt. Insofern ist das Diskontgeschäft kein reines Personalkreditgeschäft, sondern ein Geschäft, das durch ein anderes Handelsgeschäft hervorgerufen und garantiert wird. Ein reines (absolutes) Personalkreditgeschäft wäre die Diskontierung von effets de circulation (Kellerwechseln), die den Banken aber verboten ist. Indessen gibt es noch ein Zwischenglied zwischen den Personal- und Realkreditgeschäften. Art. 12 der Kolonialbankstatuten besagt nämlich: „Eine der zwei für Wechsel verlangten Unterschriften kann ersetzt werden durch gewisse Bürgschaften“; als solche benennt das Gesetz:

1) für Platzwechsel und nicht handelsmäßige Schuldscheine:

---

[1]) Renaud a. a. O. S. 72 ff.

a) die Hinterlegung von titres mobiliers,
b) die Einhändigung eines Warrants oder Lagerscheins,
c) die Abtretung der Frucht auf dem Felde,
d) die Hinterlegung von gemünztem und ungemünztem Edelmetall,

2) für Tratten und Anweisungen auf das Ausland oder Frankreich:
ein Konnossement mit spezieller Verpfändung der Ware,

3) bei Tratten genügt auch eine antizipierte Akzepterklärung des Trassaten gegenüber der Bank.

Uns geht hier nur Fall Nr. 1 an, da wir nur von Platzwechseln gegenwärtig reden.

Wird die zweite Unterschrift durch eine der unter Nr. 1 aufgezählten Bürgschaften ersetzt, so brauchen Wechsel und Schuldschein nicht an Order zu stehen (wie es an sich verlangt wird vom Gesetz).[1]) Sind sie nun Rektapapiere, so kann der Schuldner sich vor dem Verfalltage von seiner Verbindlichkeit befreien durch Zahlung seiner Schuld unter Abzug des Zwischenzinses. Der Wechsel wird dann rückdiskontiert, der Schuldschein zurückgegeben, desgleichen das (eventuelle) Pfand. Hier nimmt das Diskontgeschäft die Formen eines Realkreditgeschäfts an: aus einem prêt à intérêt wird ein prêt sur gage. Das Diskontgeschäft behält allerdings noch die Eigentümlichkeit, daß der Diskontgeber einerseits aus den Bürgschaften Befriedigung suchen kann, gleichzeitig aber auch auf Grund seiner persönlichen Forderung gegen die Aussteller des Papiers vorgehen kann. Auch wenn die zweite Unterschrift durch irgend ein Pfand ersetzt wird, bleibt also das Diskontgeschäft ein Geschäft des Personalkredits; es ähnelt aber bereits den Darlehensgeschäften, d. h. den Kreditgeschäften gegen Pfandhingabe so sehr, auch decken sich die Bürgschaften für die zweite Unterschrift im allgemeinen mit den Pfändern, welche die Kolonialbanken bei ihren Darlehensgeschäften annehmen dürfen, daß es möglich und ratsam erscheint, jetzt sofort zur Darstellung der verschiedenartigen Darlehensgeschäfte der Kolonialbanken überzugehen.

---

[1]) S. oben S. 37.

2. Nach Art. 10,3 der Statuten darf die Kolonialbank zunächst Vorschüsse geben:

a) auf Aktien der betreffenden Kolonialbank,
b) auf Rentenbriefe oder
c) auf Werte, welche die Bank von Frankreich als Sicherheit zuläßt.

Die Darlehen unter a) wurden den Banken erst 1874 erlaubt. Das Gesetz sanktionierte aber nur einen Zustand, der schon lange vorher unter Duldung seitens der Überwachungskommission bestanden hatte. Die Überwachungskommission hatte gegen diese Aktiendarlehen nichts einzuwenden gehabt und nur die Höhe der von den Banken auf diese Art gewährten Darlehen beanstandet, da sie bei den Banken der Zuckerkolonien in den 60er Jahren 1 Million fr. überschritten und 1864 in Martinique sogar 2 Millionen fr. = zwei Drittel des Bankkapitals betrugen. 1874 wurde daher im Art. 13 der Statuten die Beleihungsgrenze für Aktien auf drei Fünftel des mittleren Werts der während der letzten sechs Monate in der Kolonie stattgehabten Übertragungen festgesetzt und zugleich bestimmt, daß der Betrag der zum Pfande gegebenen Aktien ein Sechstel des Grundkapitals der Bank nicht übersteigen dürfe. Beide Bestimmungen waren sehr vonnöten. Denn der Erwerb eigener Aktien durch die Bank, wie er leicht bei Zahlungsunfähigkeit des Schuldners eintrat, ist eine verdeckte Zurückzahlung des Grundkapitals, also eine Verminderung der Haftsumme für die Bankverbindlichkeiten, und birgt dadurch große Gefahren für die Bank und ihre Gläubiger. Auf der anderen Seite waren sehr viele Kunden der Bank auch ihre Aktionäre; sie hatten oft kein tauglicheres Pfandobjekt als ihren Aktienbesitz; und schließlich war, wenn die Aktien der Bank hoch im Kurse standen, ein freihändiger Verkauf der verpfändeten Aktien für Rechnung des Schuldners möglich, welcher die Bank gegen jeden Schaden sicherstellte.

Die Kolonialbanken haben zu wiederholten Malen darum ersucht, auch Aktien anderer kolonialer Unternehmungen, z. B. der Compagnie transatlantique oder der Zentralzuckerraffinerien, beleihen zu dürfen. Die Überwachungskommission hat sich dem stets widersetzt mit der Begründung, daß diese Unternehmungen nicht genügend Sicherheit böten. Das Gesetz von 1901, das im Art. 10, 3 der Statuten den Kolonialbanken gestattet, Vorschüsse zu geben auf alle Wertpapiere, welche die Bank von Frankreich als Sicherheit für ihre Vorschüsse zuläßt, dürfte den Kolonialbanken etwas mehr Freiheit in obigem Sinne gebracht haben.

Ist das Risiko der Kolonialbanken bei den Aktiendarlehen nicht zu leugnen, so sind die Vorschüsse auf Rentenbriefe ziemlich gefahrlos. Dies kommt auch dadurch zum Ausdrucke, daß Rentenbriefe bis zu vier Fünftel des Werts, den der letzte offizielle in der Kolonie bekannt gewordene Kurszettel angibt, beliehen werden dürfen, Aktien und die anderen titres mobiliers nur bis zu drei Fünftel ihres Kurswerts (Art. 13 der Statuten).

3. Wir kommen jetzt zu dem eigenartigsten Darlehensgeschäft der Kolonialbanken: zu den prêts sur cession de récolte pendante. Zum Verständnis sei auf den Ursprung der Kolonialbanken hingewiesen. Ihr Kapital war in Wirklichkeit durch die koloniale Landwirtschaft geliefert worden, da die zurückbehaltene Entschädigungssumme fast nur den Pflanzern zukam, die bislang Sklaven in ihren Pflanzungen beschäftigt hatten. Es war deshalb der Wille des Gesetzgebers, daß die Errichtung der Kolonialbanken in erster Linie den Pflanzern zugute käme; neben dem Handelskredit mußte dem Agrarkredit ein weites Feld eingeräumt werden. Der Hypothekarkredit war für Handelsbanken, auch für solche von der Eigenart der Kolonialbanken, absolut ausgeschlossen. Die Darlehen auf Waren haben zwar neben ihrem kommerziellen auch agrarischen Charakter; sie setzen aber einen zu verpfändenden Warenvorrat voraus. Wie sollte jedoch der kreditbedürftige Pflanzer die Ernte vorbereiten, wenn ihm selbst die nötigen Kapitalien fehlten und der Personalkredit in Form des Diskonts für ihn aus persönlichen oder sachlichen Gründen unerreichbar war? Es konnte sich hier nur handeln um eine Form des Realkredits, bei der das Pfand ein jedem landwirtschaftlichen Unternehmer gehörender realer Gegenstand war. Ein solches Pfandobjekt bot sich dar in der

Ernte auf dem Felde (récolte pendante). Das Darlehen dient zur Vorbereitung der Ernte, also soll die Ernte auch das Pfandobjekt für das Darlehen sein, geradeso, wie das Haus kraft Sicherungshypothek haftet für die Forderungen der Bauhandwerker. Das Prinzip ist einleuchtend und klar, die Ausführung bot jedoch zahlreiche Schwierigkeiten theoretischer und praktischer Natur. Beleihungsobjekt ist nicht die Saat, die emporkeimt, sondern die Frucht auf dem Felde in ihrem Zustande einige Monate vor der Reife. Aber der Samen und die Pflanze wird durch das Einsäen bezw. Einpflanzen ein Teil des Bodens und wie dieser immobil. Die Frucht auf dem Felde ward von der Grundhypothek mit ergriffen und konnte nach dem code civile, da sie unbeweglich war, nicht Gegenstand eines Pfandrechts sein (das in Frankreich wie in Deutschland nur an beweglichen Sachen möglich ist). Der französische Marineminister, der 1850 in seinem Gesetzentwurfe prêts sur récolte pendante vorschlug, wollte also nichts Geringeres schaffen als ein Pfandrecht an einer Immobilie und noch dazu ohne Besitzübertragung. Das mußte den Widerspruch der Juristen in der parlamentarischen Kommission hervorrufen.[1]) Um ihren Widerstand zu überwinden, genügte merkwürdigerweise eine bloße Änderung der Etikette; die Sache blieb dieselbe: nur hieß es im Entwurfe des neuen Marineministers Chasseloup-Laubat statt prêts sur récolte pendante, nunmehr prêts sur cession de récolte pendante. Das war eine Unklarheit; denn der Pflanzer, nicht die Bank, ist und bleibt Eigentümer der „abgetretenen“ Ernte. Nur gilt die Bank fortan als in den Besitz der Ernte gesetzt. Auch der Wortlaut des Gesetzes: cession de récolte kann nicht darüber hinwegtäuschen, daß die prêts sur récolte Darlehen auf Pfand, allerdings nicht auf Faustpfand, sind. Durch die Fiktion der Besitzübertragung („la banque est considérée comme saisie de la récolte“) waren aber der Code de commerce, der kein privilège sans dessaisissement kannte, und das Bedürfnis der Praxis versöhnt. Es blieb noch die Aufgabe,

---

[1]) Denizet a. a. O. S. 113 ff.

die Rechte der Bank und diejenigen der Hypotheken- und anderen Gläubiger des Bankschuldners zu regeln. Auch hier wurde ein verständiger Mittelweg gefunden.

Der Pflanzer, der bei der Bank eine Anleihe machen will gegen Abtretung seiner Ernte auf dem Felde, gibt seine Absicht einen Monat vorher der Bank durch schriftliche Erklärung kund. 1851 war es nur dem Eigentümer einer Pflanzung möglich, seine Ernte auf dem Felde zu beleihen. Das Gesetz von 1874 wie das von 1901 gewährt dieses Recht auch dem Pächter, Halbbauer, Mieter von Grundstücken und Plantagenunternehmer.[1]) Wenn die Bank nun einem dieser unmittelbaren Besitzer, die nicht zugleich Eigentümer der Pflanzung sind, ein Erntedarlehen gewährt, so ist es nicht ausgeschlossen, daß sie bei Verfolgung ihrer Rechte in Streit gerät mit dem Grundeigentümer, der z. B. für seine Pachtzinsforderung ebenfalls an der Ernte ein gesetzliches Pfandrecht hat. Zur Vermeidung eines Konflikts bestimmt das Gesetz im Art. 6, daß jeder der oben genannten unmittelbaren Besitzer der Bank die Zustimmung seines Grundherrn zur Erteilung eines Erntedarlehens an ihn nachweisen muß. Diese Zustimmung ist zusammen mit dem Darlehensgesuch in ein Spezialbuch einzutragen, das von dem Vorsteher der indirekten Steuern, nicht vom Hypothekenbuchbeamten, geführt wird.

Außer dem Grundeigentümer können auch Hypothekengläubiger oder andere Gläubiger, die ein Spezialpfandrecht an der Ernte haben, etwa weil sie die Kosten der Ernte vorgeschossen haben, der Bank ins Gehege kommen. Bei Verlust ihrer Rechte sind deshalb alle diese Gläubiger verpflichtet, innerhalb von einem Monat nach Eintragung des Darlehensgesuchs gegen dessen Bewilligung Widerspruch zu erheben. Dieser Widerspruch ist in dem Spezialbuche neben dem Darlehensgesuche zu vermerken. Wird innerhalb eines Monats kein Widerspruch erhoben oder der Widerspruch auf Verlangen durch gerichtliche Entscheidung beseitigt, so kann die Bank das

[1]) „tout fermier, métayer, locataire de terrains ou entrepreneur de plantations“. Gesetz 1901 Art. 6.

erbetene Erntedarlehen gewähren. Die Publizität, welche die Bank gegen die Rechte ihrer Vormänner schützt, gilt auch zum Schutze derjenigen Gläubiger, welche **nach** der Bank dem Pflanzer ein Darlehen erteilt haben. Deshalb muß die tatsächlich erfolgte Gewährung des Erntedarlehens offenkundig festgestellt werden durch Eintragung in das Spezialbuch, die das Gesetz „Zessionsakt" nennt. Erst auf Grund dieses Zessionsaktes entsteht das Pfandrecht an der Ernte.

Wenn die Bank ein Erntedarlehen erteilt hat, bedarf sie der Sicherung gegen den Darlehensschuldner selbst. Dieser kann z. B. nach Empfang des Darlehens die Pflanzung vernachlässigen und es unterlassen, rechtzeitig einzuernten oder die zur Ernte nötigen Vorbereitungen zu treffen. Hier darf die Bank selbst an Stelle ihres Schuldners die Einerntung besorgen oder sich in den Besitz der Pflanzung einweisen lassen zwecks Einerntung und Verarbeitung der Ernteerzeugnisse. Für die hierdurch verursachten Kosten erhält die Bank ein Vorzugspfandrecht an der Ernte oder ihrem Ergebnis.[1])

Der Schuldner der Bank kann ferner die „abgetretene" Ernte verschleudern oder unterschlagen. Gegen eine solche Handlungsweise, die das Gesetz, betreffend die Kolonialbanken, dem Vertrauensbruch gleichstellt, ist die Bank durch Art. 406 des code pénal geschützt.[2]) Der beste Schutz gegen Entwendung liegt freilich darin, daß in den Zuckerkolonien die Ernteerzeugnisse fast ausschließlich zum Export bestimmt und in die Hafenplätze der Kolonie versandt werden, wo sie leicht wiedergefunden und beschlagnahmt werden können. Auch ohne mala fides können Streitigkeiten zwischen Bank und Erntedarlehensschuldner entstehen über die im Wege des Kontokorrents gewährten Kredite. Das Gesetz läßt aber ausdrücklich keinen Widerspruch des Schuldners in bezug auf diese Kredite zu. Die Verweisung der Streitigkeiten über prêts sur récolte vor die Handelsgerichte[3]) hat eine rasche und fast kostenlose

1) Gesetz 1901 Art. 8.
2) Gesetz 1901 Art. 13.
3) Gesetz 1901 Art. 12.

Erledigung des Streits zur Folge. Auch das erhöht die Sicherheit der Bank.

Die Einerntung nimmt einige Monate in Anspruch. Die Bank kann sich nun ausbedingen, daß die Ernte, soweit sie eingebracht ist, sogleich in bestimmte Warenlager geschafft wird.[1]) Hierdurch verwandelt sich das Erntedarlehen in ein Warenlombarddarlehen. Die Bank hat nunmehr ein geringeres Risiko und darf die eingebrachten Ernteerzeugnisse fortab höher — nämlich bis zu drei Viertel ihres Werts — beleihen. Werden am Verfalltage die geborgten Summen nicht zurückbezahlt, so kann die Bank acht Tage nach erhobenem Wechselproteste (bei Wechseln, deren zweite Unterschrift durch Abtretung der Ernte auf dem Felde ersetzt ist) oder bei nicht handelsmäßigen Schuldscheinen acht Tage nach einer einfachen Zahlungsaufforderung die Ernte oder ihr Ergebnis öffentlich versteigern lassen,[2]) sofern die Bank es nicht vorzieht, sich in den Besitz der Ernte einweisen zu lassen. Aus dem Versteigerungserlöse wird zunächst die Bank befriedigt und zwar vor allen ihren Vormännern, die nicht gültig Widerspruch erhoben haben, und vor allen ihren Nachmännern. Nur die Gläubiger, zu deren Gunsten eine Verpfändung des Bodens noch vor dem Zessionsakte eingetragen ist, gehen der Bank vor.

Oft läßt der Schuldner den Verfalltag verstreichen, ohne zu zahlen, vielleicht weil die Einerntung noch nicht erfolgt war oder gar noch nicht erfolgen konnte. Es kann dann selbst im Interesse der Bank liegen, gegen den Schuldner nicht gleich mit den schärfsten Mitteln vorzugehen. In Würdigung dieser Umstände hat das Gesetz von 1874 den Banken gestattet, die Verfallzeit der gegen Abtretung der Ernte auf einen nicht handelsmäßigen Schuldschein gewährten Darlehen zu verlängern.[3]) Das war umso notwendiger, als die Erntedarlehen auf höchstens vier Monate gewährt werden sollten,[4])

---

[1]) Statuten 1901 Art. 14.

[2]) Gesetz 1901 Art. 10.

[3]) Statuten 1874 Art. 14.

[4]) Statuten 1874 Art. 11.

eine Frist, die sich als durchaus ungenügend erwies für die Bedürfnisse der Pflanzer.

Das Zuckerrohr[1]) wird in den Antillen von September bis Februar je nach der Regenzeit gepflanzt und von Januar bis Juni des darauffolgenden Jahres, also nach 16—18 Monaten, geerntet, sodaß fast immer zwei Ernten gleichzeitig auf dem Boden stehen. Die Erntedarlehen werden von der Bank im Juli bewilligt, aber dann nur zum Teil ausgezahlt zwecks Ankaufs von Dünger (der im Juli bei Beginn der Regenperiode nötig wird) und von Tieren, sowie zur Reparatur und Neuanschaffung der verschiedenen zum Betriebe notwendigen Utensilien. Der Rest des Darlehens wird in Monatsraten ausbezahlt von August bis Dezember und dient zur Bezahlung der Löhne und anderer laufender Auslagen. So erhält der Pflanzer die Darlehen ohne Vermittler. Im Juli, wenn die ersten Darlehensraten erteilt werden, sind die Zuckerrohre durchschnittlich 7—9 Monate alt. Da ihr voraussichtlicher Ertrag sich dann annähernd schätzen läßt, so bietet die zukünftige Ernte schon ein reelles Pfand dar und keine vage Zukunftshoffnung. Die Bank tut noch ein übriges, indem sie während der ganzen Zeit bis zur Ernte die Frucht auf dem Felde und die Verwendung der monatlichen Darlehensraten seitens des Schuldners überwachen läßt und einschreitet, wenn es nötig wird.

Beim Beginn der Ernte (im Januar) sind seit Gewährung der ersten Vorschüsse seitens der Bank schon mehr als vier Monate verflossen! Die Darlehen müssen daher unbedingt erneuert oder verlängert werden, da sie erst von Januar bis Juli mit dem Ertrage der Ernte zurückbezahlt werden können. Diese Verlängerung ist im Art. 14 der Bankstatuten vorgesehen. Die Erntedarlehensgeschäfte führen jährlich im Juni zu einem völligen Abschlusse, so daß das Portefeuille der prêts sur récolte in der Bilanz vom 30. Juni meist seinen niedrigsten Stand aufweist. Anders liegt die Sache in Réunion, wo die Regenzeit

---

[1]) Nur dieses kommt neben einigen kleinen Café- und Vanillekulturen in Réunion und Guadeloupe für die Erntedarlehen in Betracht.

von November bis April, nicht wie auf den Antillen von Juli bis Oktober dauert. In Réunion pflanzt man daher das Zuckerrohr von Oktober bis Januar und erntet von Juli bis Dezember des nächstfolgenden Jahres. Die Junibilanz gibt sonach in Réunion vielleicht den höchsten Bestand an prêts sur récolte an.

Das Zuckerrohr kommt, sobald es eingeerntet ist, in Fabriken, wo es in Feinzucker verwandelt wird. Dieser — weiße — Zucker wird meist nach Frankreich verladen; in den Kolonien bleibt nur eine geringe Menge braunen, d. h. auf technisch unvollkommenere Art raffinierten Zuckers. Der Erntedarlehensschuldner — oft ist er auch Besitzer einer Zuckerraffinerie — händigt der Bank je nach der Menge des nach Frankreich verladenen weißen Zuckers Tratten auf seinen Verkaufskommissionär in Frankreich aus, zugleich auch ein Konossement über die Ladung. In diesem Augenblicke wird das prêt sur récolte zu einem prêt sur marchandise embarquée. Die Bank verwendet einen Teil der durch die Tratten repräsentierten Geldsumme zur Tilgung der Darlehensschuld des Pflanzers und gibt ihm den Rest zur Bezahlung der Erntekosten und Löhne für die Schnitter, die zusammen je nach den Zuckerpreisen ein Drittel bis ein Halb des Werts der Ernte ausmachen. Sodann sendet die Bank Tratte und Konossement ihrem Zentralagenten in Paris, der sie mit seinem visa versieht und dem Diskontkontor, dem offiziellen Vertreter der Kolonialbanken in Paris, zustellt. Dieses läßt die Tratte von dem Verkaufskommissionär einlösen und händigt ihm dafür das Konossement ein, mittelst dessen der Kommissionär die an ihrem Bestimmungsorte angelangte Ware in Empfang nehmen kann, um sie dann zu verkaufen. Das Diskontkontor schreibt die auf die Tratte eingezahlte Summe der betreffenden Kolonialbank gut. Die Tratte tilgt also die Schuld des Pflanzers (ganz oder nur zum Teil) und erhöht zugleich das Guthaben der Kolonialbank beim Kontor. So verknüpfen sich prêt sur récolte mit Warenlombard- und Wechselgeschäft.

Trotz aller Sicherheiten und Vorrechte der Kolonialbanken behalten die prêts sur récolte doch einen sehr spekulativen Charakter. Denn die Ernten in den Zuckerkolonien sind nicht nur wie in Europa durch Dürre, Feuchtigkeit, Hagel, Insektenplage usw. bedroht, sondern auch durch Erdbeben und durch Orkane von einer Heftigkeit, wie man sie in Europa gar nicht kennt. Eine Versicherung gegen diese Gefahren ist unmöglich, da Versicherungsgesellschaften in den Kolonien nicht existieren, auch nicht bestehen können, weil das Risiko zu groß ist. (Man denke an die Erdbebenklausel unserer europäischen Versicherungsgesellschaften.) Ferner unterliegt der Zuckerpreis von jeher großen Schwankungen, was natürlich das Ernteergebnis in starkem Maße beeinflußt. Aus beiden Gründen mußte die Beleihungsgrenze für die Ernte auf dem Felde möglichst niedrig angesetzt werden. Da der Gesetzgeber annahm, daß die Darlehen nur auf vier Monate erteilt würden, hielt er die Bank für hinreichend gesichert, wenn er ihr gestattete, die Ernte bis zu einem Drittel ihres mutmaßlichen Wertes zu beleihen. Dabei blieb die Tatsache unberücksichtigt, daß die Erntedarlehen gewöhnlich erst nach acht Monaten zurückbezahlt werden und daß sich dadurch das Risiko für die Bank beträchtlich steigert. Um sich gegen die fast unvermeidlichen Verluste bei den Erntedarlehen zu decken, verlangten die Kolonialbanken, daß ihr Pfandrecht auf die nächstjährige Ernte ausgedehnt würde, für welche das Darlehen zum großen Teil mit verwendet zu werden pflegt. Diese Ausdehnung des Pfandrechts bedeutet für die Bank eine Art Versicherung, eine Ersatzgarantie; sie würde die Sicherheit der Bank erhöhen, ohne den Schuldner zu schädigen. Überwachungskommission und Gesetzgeber verhielten sich aber diesem Wunsche gegenüber ablehnend; sie sahen — irrigerweise — in der Erstreckung des Pfandrechts auf die nächste Ernte nur eine Verlängerung der Verfallzeit der Darlehensschuld ad infinitum. Schon der Umstand, daß durch die Erntedarlehen die Kapitalien der Bank acht Monate festgelegt wurden, machte dem Gesetzgeber große Sorge, weil der Bank zu ihren Darlehen nur täglich fällige Kapitalien zur Verfügung standen. Zur Beseitigung dieses Mißverhältnisses zwischen Aktiv- und Passivgeschäften schlug man schon 1851 und dann 1901 wieder die Ausgabe besonderer bons à moyen terme, d. h. langfristiger, eventuell verzinslicher Obligationen oder die Annahme verzinslicher Depositen seitens der Bank vor.[1]) Doch wurde keiner dieser Vorschläge 1901 Gesetz.

Die Einrichtung der prêts sur récolte war trotz der ihr anhaftenden Mängel eine erlösende Tat für die Pflanzer der Kolonie. Sie schuf an Stelle des bisherigen Bodenkredits einen rein landwirtschaftlichen Kredit und hat dadurch den Kredit in den Kolonien auf eine ganz neue Grundlage gestellt. Besonders seitdem gemäß dem Gesetze von 1874 auch der Pflanzer, der nicht Grundeigentümer ist, ein Erntedarlehen aufnehmen kann, ist der ganzen ackerbautreibenden Bevölkerung die Möglichkeit gegeben, sich Realkredit in dem gewünschten größeren Umfange zu verschaffen.

4. Im Warenlombardverkehr beleiht die Kolonialbank sowohl Import- wie Exportwaren. Die verpfändete Ware ist entweder in einem Lagerraum hinterlegt oder auf ein Schiff verladen, welches das Gut zum Verkaufe nach Frankreich trägt. Im ersten Falle wird die Ware vertreten durch einen Warrant oder Lagerschein, im zweiten Falle durch ein Konossement. Die Verpfändung der Importware kann also erfolgen durch Übergabe eines Warrant oder Lagerscheines, bei Exportwaren findet sie statt durch Übergabe des Konossements. Alle drei Papiere sind Orderpapiere, und durch regelrechtes Indossament wird das Eigentum an der im Papier bezeichneten Ware auf den Indossatar übertragen. Warrant, Lagerschein und Konossement müssen auf die Bank indossiert sein.[2]) Gewöhnlich handelt es sich hier jedoch nur um ein Verpfändungsindossament, das der Bank den juristischen Besitz der Ware verschafft: es kann aber jederzeit durch Vereinbarung in ein Übertragungsindossament verwandelt werden. Die Bank vermag auf den Schuldner in dieser Richtung einen Druck auszuüben, da es ihr nach Art. 15 der Statuten freisteht, mangels Zahlung des Schuldners am Verfalltage die Ware acht Tage nach Protest oder Zahlungsaufforderung öffentlich versteigern zu lassen.

Der Besitz der Ware seitens der Bank ist kein wirklicher, sondern ein fiktiver. Denn die Kolonialbanken selbst haben keine

[1]) Léveillé. Parlam. Bericht 1897.

[2]) Statuten 1901 Art. 10.

Räume, in denen die Waren hinterlegt werden können. Nach dem Gesetze, Art. 9, müssen die Importwaren deponiert werden in öffentlichen Magazinen, denen Zollhäuser und andere von dem Gouverneur der Kolonie bezeichnete Räume gleichstehen, oder aber in privaten Lagerräumen, deren Schlüssel der Bank eingehändigt sind. Doch muß die Einhändigung der Schlüssel im Augenblicke des Abschlusses des Darlehensvertrages regelrecht festgestellt sein durch Beschluß des Verwaltungsrates der Bank. Unter dieser Bedingung kann aber der Importeur die beliehene Ware auch in seinen eigenen Räumen aufbewahren.

Die öffentlichen Magazine stellen Warrants aus über die eingelieferten Waren, die privaten Lagerräume dagegen einen Lagerschein: Das ist der ganze Unterschied zwischen Warrant und Lagerschein.[1])

Will der Exporteur bereits verkaufte Exportwaren beleihen, so händigt er der Bank eine Tratte auf seinen Verkaufskommissionär ein. Die zweite Unterschrift wird hier ersetzt entweder durch eine antizipierte Akzepterklärung des Trassaten oder durch ein Konossement unter spezieller Verpfändung der verladenen Ware (das Konossement — bekanntlich der Lagerschein des Seeverkehrs — wird vom Schiffskapitän ausgestellt und konstatiert die Verladung der Ware).

Tratte und Konossement heißen zusammen: traites documentaires.

Die hinterlegten und verpfändeten Waren müssen von der Bank versichert werden; es genügt aber, wenn sie durch den Eigentümer bei einer der Bank genehmen Versicherungsgesellschaft versichert sind, und die Police der Bank oder ihrem Vertreter in Europa eingehändigt ist.[2])

Die Kommission von 1850 war dem Warenlombardgeschäft wenig günstig gesinnt. Besondere Bedenken machte sie gegen die Beleihung von Exportwaren geltend wegen der großen Schwierigkeit, die Kolonialprodukte zu verkaufen. Dieser Verkauf konnte damals nur nach dem Mutterlande (Frankreich) und nur auf

[1]) Denizet a. a. O. S. 108 ff.

[2]) Statuten 1901 Art. 13.

lange Frist (à long terme) erfolgen. Wenn man sich 1851 dennoch entschloß, den Kolonialbanken den Warenlombard frei zu geben, so war in erster Linie maßgebend die Erwägung, daß gerade im Verkehr mit den Ausfuhrkommissionären sich der Wucher in der schlimmsten Form gezeigt hatte und daß nur diese Warendarlehen jene Art des Wuchers beseitigen würden.

Während der langen Zeit zwischen Gewährung und Zurückzahlung des Darlehens kann die Ware große Preisschwankungen erfahren. Das veranlaßte den Gesetzgeber von 1851, die Beleihungsgrenze für Waren im Maximum auf zwei Drittel ihres durch Banksachverständige festgestellten Werts anzusetzen. Diese Maßregel war klug und verständig. 1870 gab man Réunions mit der Konkurrenz des Diskontkontors motiviertem Verlangen, den vollen Wert der Ware beleihen zu dürfen, nach und dehnte diese Erlaubnis 1874 auf alle fünf Kolonialbanken aus. Das war ein Fehler, der 1901 wieder gut gemacht wurde. Fortan können höchstens drei Viertel des Werts der Ware beliehen werden (Art. 13 der Statuten).

5. Zu den Waren gehören in gewisser Beziehung auch die Edelmetalle. Wegen ihres besonderen Charakters (kein Verderb durch Schwund oder Fäulnis, größere Wertbeständigkeit usw.) sind sie in den Bankstatuten gesondert behandelt.

Zunächst ist festzustellen, daß nur Gold- und Silbersachen als Pfänder für Darlehen der Bank in Betracht kommen, doch können sie in den verschiedensten Formen verpfändet werden, als Barren, als fremde oder außer Kurs gesetzte Münzen oder als Gegenstände irgendwelcher anderer Art (Schmucksachen, Silberzeug usw.). Bis 1901 wurde bezüglich der Beleihungsgrenze zwischen Gold und Silber kein Unterschied gemacht. Infolge des starken Sinkens der Silberpreise besonders seit den 90er Jahren des vorigen Jahrhunderts wurde eine Differenzierung immer nötiger, und das Gesetz von 1901 bestimmte daher, daß Gegenstände von Gold zu ihrem vollen, nach Feingehalt und Gewicht bemessenen Werte, Gegenstände von Silber dagegen höchstens bis zu vier Fünftel ihres Wertes beliehen werden sollten. Das war eine halbe Maßregel, welche der Beleihung des Silbers ihren aleatorischen Charakter nicht entzog. Man hätte dies noch hinnehmen können, wenn der Bank wenigstens der Handel mit Silber verboten worden wäre. Das ist aber auch 1901 trotz der ganz veränderten Verhältnisse des Silbermetalls — auffallenderweise — nicht geschehen.

Die Gold- und Silberdarlehen kommen hauptsächlich den Handwerkern und kleinen Kaufleuten zugute, aber auch allen denen, die von ihrer Hände Arbeit leben, keinen Personalkredit genießen und nur wenige verpfändbare Gegenstände haben, deren Besitz sie entbehren können. Damit hängt zusammen, daß diese Darlehen an ihrem Verfalltage meist nicht zurückbezahlt, sondern erneuert werden, was sich darin zeigt, daß der Saldo dieser Darlehensgeschäfte in der Junibilanz in der Regel größer ist als die Summe aller innerhalb des abgelaufenen Geschäftsjahres gemachten Darlehen gegen Hinterlegung von Gold- und Silbergegenständen. Die prêts sur matières d'or ou d'argent nehmen dadurch einen gewissen Sparkassencharakter an, wobei Kapitalien der Bank auf längere Zeit gegen bestimmten Zins festgelegt werden. Da der Gewinn aus diesen Darlehensgeschäften recht groß war (8 bis 6 Prozent) und die Bank dabei infolge vorsichtiger Beleihung ohne bedeutendes Risiko blieb, so hatte die Bank diese Geschäfte recht gern, obwohl sie ein fremdes Element in den Geschäftsbetrieb der Bank brachten. Immerhin kamen bei dem Edelmetallmangel der meisten Kolonien nur unerhebliche Summen hierbei in Frage.

Die eben besprochenen Darlehen leisteten auch den Eingeborenen gute Dienste. Für die Bank war die Annahme von Schmucksachen, entwerteten Münzen, Silberzeug usw. als Pfand für Darlehen das beste Mittel, um die gewöhnliche Kundschaft der Wucherer zu sich herüber zu ziehen.

§ 7.

DIE WECHSELGESCHÄFTE DER KOLONIALBANKEN.

Wie die Kolonialbanken dem Geld- und Kreditverkehr innerhalb der Kolonie dienen, so vermitteln sie auch den Zahlungsverkehr der Kolonie mit dem Auslande oder Frankreich. Diese Tätigkeit der Kolonialbanken ist umso wichtiger, als die hier in Frage stehenden Kolonien fast ihre ganze Produktion exportieren und andererseits die Mehrzahl der täglichen Lebens- und Unterhaltsmittel nicht selbst produzieren, sondern sie einführen müssen.[1])

Das internationale Zahlungsmittel ist bekanntlich der Wechsel. Durch ihn werden Forderungen im internationalen Handelsverkehr eingezogen, Schulden getilgt und so Bargeldsendungen erspart. Wer ins Ausland zahlen will, wird schwerlich jemanden im Auslande finden, der sein Schuldner ist und ihm genau die Summe schuldet, die er ins Ausland zu zahlen hat. Hier greift die Bank ein, indem sie ihren Kunden zu jedem Geldbetrage Tratten oder Anweisungen auf Frankreich oder das Ausland liefert, mittelst deren die Zahlung dorthin bewirkt werden kann. Diese Tratten und Anweisungen kann die Bank erwerben wie die Platzwechsel im Wege des Diskonts oder durch Kauf al pari oder gar gegen eine Prämie. Der häufigste Fall ist aber der, daß die Bank selbst Tratten und Anweisungen ausstellt. Die Anweisung unterscheidet sich von der Tratte dadurch, daß sie nicht akzeptfähig ist; sie ist gleichsam ein Scheck der Kolonialbank, ausgestellt auf ein Bankinstitut im Ausland oder Frankreich. Da die Banken ihren Sitz nicht in Frankreich haben, bedürfen sie für ihre Wechselgeschäfte eines Vertreters in Frankreich. Als ihr Vertreter fungiert zur Zeit das Nationale Diskontkontor in Paris. Die Geschäfte, die das Kontor für die Kolonialbanken besorgt, sind zweifacher Art,[2]) entweder 1.) Einziehung von Forderungen oder 2.) Bezahlung von Schulden der Kolonialbanken.

Ad No. 1 gehören die auf die Kolonialbanken ausgestellten oder indossierten Wechsel und Anweisungen, die in Frankreich oder im Auslande zahlbar sind. Sie werden an Order des Diskontkontors gestellt und dem Zentralagenten zugesandt, der Akzept oder Protest mangels Annahme besorgt und sie dann

[1]) Isaak. Parlam. Bericht 1898.

[2]) Renaud a. a. O. S. 110 ff.

dem Kontor einhändigt. Sollten diese Wechsel am Verfalltage nicht eingelöst werden, so wird das Indossament zugunsten des Kontors ausgestrichen und der Wechsel dem Zentralagenten zurückgegeben zwecks gerichtlicher oder außergerichtlicher Geltendmachung der Forderung.

Zu No. 2 sind zu zählen die Tratten und Anweisungen, welche von den Kolonialbanken auf das Diskontkontor in Paris gezogen werden. Sie werden beim Zentralagenten eingereicht, von diesem mit seinem visa versehen und dann dem Kontor zur Zahlung präsentiert. Doch muß das Kontor zehn Tage vor dem Verfalltage benachrichtigt werden.

Schon aus dem Gesagten erhellt, daß der Zentralagent eine rein vermittelnde Rolle hat;[1]) er selbst darf weder Einzahlungen annehmen, noch Auszahlungen bewirken, noch irgend welche Summen, die den Kolonialbanken gehören, zurückbehalten. Die Geschäfte der Kolonialbanken kommen deshalb klar und vollständig zum Ausdruck in dem Kontokorrent, das jede Kolonialbank mit dem Diskontkontor unterhält. Jeder Bank ist vom Kontor ein Kredit eröffnet, dessen Maximalhöhe sich bemißt nach dem Werte der Rentenbriefe, die von den Banken beim Kontor als Pfand hinterlegt sind.[2]) Das Kontokorrent beim Kontor enthält auf der Kreditseite die Zinsen der hinterlegten Rentenbriefe, ferner die Tratten, die der Zentralagent dem Kontor zur Einziehung oder zur Diskontierung zugestellt hat, und schließlich die Summen und Werte, welche direkt durch die Kolonialbank oder durch Dritte zugunsten der Bank beim Kontor eingezahlt sind. Das Debet des Kontokorrents setzt sich zusammen aus den auf das Kontor von der Kolonialbank ausgestellten Tratten und Anweisungen, sodann aus den auf die sogenannten actions d'Europe ausgezahlten Dividenden und aus sonstigen Zahlungen, die das Kontor im Auftrage der Bank gemacht hat. Der wechselseitig zu vergütende Kontokorrentzins beträgt bei einem Saldo zugunsten des Kontors ein Prozent mehr als der jeweilige

---

[1]) Vergl. Renaud a. a. O. S. 112.

[2]) Der Kredit der Bank von Réunion ist kraft ministerieller Verordnung auf 1,8 Millionen fr. begrenzt.

Diskontsatz der Bank von Frankreich, aber nie mehr als sieben Prozent. Bei einem Saldo zugunsten der Kolonialbank ist ihr ein Kontokorrentzins zu vergüten, der ein Prozent niedriger ist als dem jeweiligen Diskontsatze der Bank von Frankreich entsprechen würde, doch nie mehr als fünf Prozent. Außer dem eventuellen Kontokorrentzins erhebt das Kontor noch eine besondere Provision für jede der von ihr bezahlten Anweisungen. Dafür besorgt es die Einziehung von Forderungen der Kolonialbanken umsonst.[1])

Dem Diskontkontor ist es ausdrücklich verboten, Noten der Kolonialbanken in Zahlung zu nehmen, da ihr Notenumlauf rein lokal bleiben soll.

Alle Geschäfte zwischen den Kolonialbanken und dem Diskontkontor müssen vermittelt werden durch den Zentralagenten. Damit wird das Ziel erreicht, das bei der Schaffung der Zentralstelle durch Dekret vom 17. 11. 1852 ins Auge gefaßt war: Die Tätigkeit der Kolonialbanken in bezug auf ihre Geschäfte in Europa zu zentralisieren, um dadurch die Ausübung der Kontrolle, die der Überwachungskommission der Kolonialbanken anvertraut ist, zu ermöglichen. Schließlich ist noch durch Dekret vom 9. 6. 04 bei dem Zentralagenten in Paris ein Regierungskommissar bestellt worden, der periodisch dem französischen Kolonialminister Bericht erstatten soll über die Geschäfte, welche die Zentralstelle im Auftrage der Kolonialbanken ausgeführt hat.

Der Zentralagent und der eben erwähnte Regierungskommissar werden vom Kolonialminister ernannt; ihr Gehalt ebenso wie ihre Auslagen werden von den Kolonialbanken gemeinsam getragen und zwar im Verhältnis ihres Grundkapitals.

Die Kolonialbanken, die auf das Kontor Anweisungen und Tratten ausstellen, nehmen dadurch den Kredit des Kontors in Anspruch. Je größer ihre Ziehungen auf das Kontor sind, desto höher wächst ihr solde débiteur beim Kontor. Wegen des Kontokorrentzinses liegt es aber im eigenen Interesse der Kolonialbanken, ihren solde débiteur möglichst zu vermindern und

[1]) Renaud S. 114/115.

ihn eventuell durch einen solde créditeur zu ersetzen. Die Banken müssen also für hinreichend Rimessen Sorge tragen. Die ganze Tätigkeit der Kolonialbanken im Wechselgeschäftsverkehr konzentriert sich somit auf die Ausgabe von Anweisungen oder Tratten und auf die Beschaffung von Rimessen.

Die Ausgabe von Anweisungen und Tratten sind auf seiten der Bank ein Verkauf eines Teils des Kredits, den sie in Paris hat, ein Geschäft, das ihr Geldkapitalien in die Kassen bringt und bei dem sie eine mehr oder weniger hohe Prämie erhebt. Durch Kauf oder Diskontierung von Tratten zu Rimessezwecken verschafft sich umgekehrt die Bank den Kredit des Trassanten. Der Erwerb von Rimessen ist also für sie ein Aktivgeschäft, eine Kapitalanlage, die sich auf der Kreditseite ihres Kontos beim Kontor zeigen soll.[1])

Für den Importeur sind die Anweisungen auf das Kontor ein Mittel, um seinen Import, d. h. seine Schuld ans Ausland, zu bezahlen. Der Exporteur erhält durch Verkauf oder Diskontierung von Auslandswechseln an die Bank den Gegenwert seiner Ware in Geld, d. h. ihren Preis.

Es leuchtet ein, daß, wenn die Bank einen Gewinn aus ihren Wechselgeschäften erzielen will, sie ihre Anweisungen und Tratten zu einem Preise abgehen muß, der höher ist als ihr Ankaufs- oder Selbstkostenpreis. Tatsächlich hat auch die Prämie für Anweisungen und Tratten die von der Bank für den gleichen Betrag in Rimessen gezahlte Ankaufsprämie stets um mindestens ein Prozent überstiegen.[2]) Diese Ankaufsprämie für Rimessen der Bank war verschieden hoch, je nachdem ein Rimessenmangel oder Rimessenüberschuß bestand, d. h. je nachdem der Import oder der Export überwog. In den Zuckerkolonien richtete sich das nach dem Ausfall der Zuckerernten. Anders lagen die Verhältnisse in Guyane und Sénégal. In Guyane fehlte jede landwirtschaftliche Tätigkeit und damit der Export von Lebensmitteln. An dessen Stelle dienten die Sendungen von Rohgold, das in Guyane gefunden wurde, dazu, den Import der

[1]) Denizet a. a. O. S. 137.

[2]) Vergl. die jährlichen Berichte der Ü. Ko.

Kolonie zu saldieren. Die Goldsendungen gestatteten es dem Handel, Anweisungen und Tratten auf Frankreich zu ziehen, so daß die Bank von Guyane neben den envois d'or natif auch einige Handelstratten zu Rimessezwecken benutzen konnte. In Sénégal gab es keine Goldlagerungen, die wie in Guyane zu einer Goldausfuhr hätten Anlaß geben können, und die auf Grund der dortigen Arachidenernte geschaffenen traites documentaires blieben meist in der Hand der Handelshäuser, die den Plantagenbau dort monopolisiert hatten. Der fast völlige Mangel an Handelstratten zwang die Bank von Sénégal zwecks Deckung der von ihr ausgegebenen Anweisungen zu den Tratten des kolonialen Schatzamts auf Frankreich ihre Zuflucht zu nehmen. Dies hatte zur Folge, daß besonders in den ersten zwanzig Jahren seit Bestehen der Bank émission und remise bei ihr annähernd gleich waren, d. h. die Bank gab nur soviel Tratten und Anweisungen ab, als sie Schatzanweisungen erhielt. Aber die Ausgabe von Tratten und Anweisung stand nicht ganz im Belieben der Bank. Wenn es ihr nun nicht gelang, diese Schatzanweisungen in genügendem Maße zu erhalten, so schloß ihr Konto beim Kontor mit einem starken solde débiteur. Dieser erhöhte wiederum den Preis der Anweisungen und Tratten, welche die Kolonialbank auf Frankreich ausstellte, d. h. der Wechselkurs stieg. Hiermit sind wir zur Frage des Wechselkurses gelangt.

Der Wechselkurs steht auf pari, wenn die Wechsel aufs Ausland gehandelt werden zu ihrem Nominalwerte, ausgedrückt in dem Münzpari der fremden Münze. Zwischen zwei Ländern mit demselben Währungsmetall schwankt der Wechselkurs nur wenig um das Münzpari innerhalb der beiden Goldpunkte. Der Wechselkurs in diesem Sinne, aufgefaßt als das Verhältnis zweier Währungen zueinander, kann nur dann größeren Schwankungen unterworfen sein, wenn die Währung des einen Landes der Währung des anderen gegenüber sich entwertet oder im Werte steigt. Dieser Fall tritt ein zwischen Gold- und Silberwährungsländern bei Entwertung des Silbers. Dasselbe geschieht auch zwischen Papierwährungsländern einerseits und Metallwährungsländern andererseits.

Unter Wechselkurs wird nun in der französischen Literatur,[1]) aber auch von deutschen Schriftstellern, ganz allgemein der Preis verstanden, oder[2]) die Prämie, die für Wechsel auf das Ausland gezahlt wird. In diesem weiteren Wortsinne werden wir hinfort den Wechselkurs verstehen. Der Wechselkurs ist dann nicht nur durch die Landeswährung und ihr Verhältnis zu den fremden Währungen, sondern vor allem noch durch die Zahlungsbilanz des Landes und in geringerem Maße durch den Fälligkeitstermin beeinflußt. Um den letzten Punkt vorweg zu nehmen, so ist klar, daß ein Auslandswechsel, zahlbar 30 Tage nach Sicht, höher im Preise steht als ein Wechsel von gleichem Geldbetrage, der auf 90 Tage nach Sicht ausgestellt ist. Aber die Verfallzeit ist für den Wechselkurs nur dann von einiger Bedeutung, wenn Zahlungsbilanz und Landeswährung in ihren Wirkungen auf den Wechselkurs ausgeschaltet sind. Das war aber in den französischen Kolonien ganz selten der Fall. Zwei Male, 1855 bei der Außerkurssetzung der fremden, bislang umlaufenden Münzen, und 1884 bei Ausbruch einer Zuckerkrise, wurde es in den Antillen notwendig, Kassenscheine mit Zwangskurs auszugeben. Da das Metallgeld infolge der Versendungen zu Rimessezwecken außer Landes getrieben war, bestand der Geldumlauf der Kolonie damals nur aus Kassenscheinen des kolonialen Schatzamts und aus Noten der Bank, die gegen Kassenscheine einlösbar waren und zudem nur in der Kolonie gesetzliche Zahlungskraft hatten. In den Antillen herrschte tatsächlich für eine Zeit lang Papierwährung. Der Wechselkurs, der vorher fest war, kannte nun keine Grenzen mehr, obwohl Frankreich und seine Kolonien nominell dasselbe Währungssystem hatten. Eine günstige Zahlungsbilanz stellte damals das Gleichgewicht allmählich wieder her. Ganz schlimm wurde es nur da, wo zu dem entwerteten Gelde eine ungünstige Zahlungsbilanz verschärfend hinzutrat. Unter solchen Umständen stieg der Wechselkurs in Guadeloupe auf 50 Prozent,[3]) d. h. ein Wechsel auf

[1]) Vergl. Bericht der Ü. Ko. 1857/61 (Schluß). Denizet a. a. O. S. 138.
[2]) wenn man die französische Kursnotierung ins Auge faßt.
[3]) Renaud a. a. O. S. 117.

Frankreich kostete einhalb mal mehr als sein Nominalwert betrug. Das einzige Mittel gegen einen solchen Übelstand ist eine Einschränkung des Imports, die eine Verbesserung der Handels- und Zahlungsbilanz zur Folge hat und den Papierumlauf beseitigen hilft, indem sie wieder Metallgeld ins Land strömen läßt.

Eine Regelung der Wechselkurse wurde 1879 durch die Bank von Réunion versucht; der Versuch mißlang aber. Außer der Bank von Réunion trieben noch andere Handelshäuser und Banken Handel mit Wechseln aufs Ausland, so daß die Bank von Réunion den Wechselmarkt nicht beherrschen konnte. Zudem verfügte die Bank nicht entfernt über die Mittel, die eine solche Regelung der auswärtigen Wechselkurse erfordert hätte.

Der Untersuchung wert ist auch die Frage, wann die Wechselgeschäfte für die Bank Gewinn, wann Verlust bedeuten. Da den Einnahmen aus den Wechselgeschäften auch Unkosten gegenüberstehen, so ist die Voraussetzung für einen Gewinn der Kolonialbanken am Wechselgeschäft, daß es der Bank gelingt, ihre Anweisungen und Tratten mit etwa einem Prozent Verdienst abzusetzen. Daneben ist natürlich ein Rimessenüberschuß das Erstrebenswerteste. Aber auch das Gegenteil, ein Überschuß der Anweisungen über die Rimessen, ist nicht notwendig von Übel. Es kommt in erster Linie darauf an, ob der durch die Ausgabe von Anweisungen der Kolonie gewährte Kredit produktiver oder unproduktiver Art ist, ob er die Ausgaben vermehrt, ohne die Einnahmen zu erhöhen. In diesem Falle können die Wechselgeschäfte in ihrem Endergebnis ein Defizit für die Bank bedeuten, selbst wenn die Rimessen den Wert der Anweisungen decken oder gar um einiges übersteigen. Denn ein unproduktiver Kredit vermehrt nur den Import der Kolonie, verschiebt die Handelsbilanz zuungunsten ihres Exports und bereitet eine Verschuldung der Kolonie vor, die schließlich einen Rimessenmangel herbeiführt und damit das Gleichgewicht zwischen émission und remise stört.

Dritter Abschnitt.

DIE TÄTIGKEIT DER KOLONIALBANKEN.

Wir haben bisher die innere Struktur der Kolonialbanken und ihren Geschäftskreis geschildert, also den Rahmen gegeben, in dem sich die Tätigkeit der Bank entfalten soll. Ihren vollen Inhalt erhalten die Bestimmungen des Kolonialbankgesetzes erst durch die Tätigkeit der Kolonialbanken selbst. Bevor wir auf diese eingehen, wird es gut sein, uns noch kurz zu vergegenwärtigen, welche Aufgaben die Kolonialbanken zu erfüllen hatten.

1. Kapitel.

§ 8.

IHRE AUFGABEN.

Zur Zeit der Gründung der Kolonialbanken befand sich das Geldwesen der französischen Kolonien in gründlicher Unordnung. An Metallgeld zirkulierten französische Münzen, daneben noch koloniale Scheidemünzen, ferner fremde Münzen (spanische Piaster, brasilianische Milreis), an papierenen Geldzeichen gab es Papiergeld, das die französische Juliregierung von 1830 ausgegeben hatte, dann die 1849 ausgegebenen Kassenscheine und in Réunion auch Noten des liquidierten Diskontkontors. Es galt nun, in den Kolonien die Geldeinheit mit Frankreich herzustellen, zugleich aber den kolonialen Geldumlauf dem stark wechselnden Geldbedarf der Kolonien anzupassen: Beides sollte durch die Ausgabe von Noten der Kolonialbanken erreicht werden. Da die Noten gesetzliche Zahlungskraft haben, konnten sie die einzuziehenden Geldwertzeichen im Umlauf ersetzen; da sie nicht wie die Kassenscheine voll metallisch gedeckt sein müssen, hat die Bank in der Notenausgabe ein Mittel, den Geldumlauf je nach Bedarf zu vermehren oder zu vermindern. Der rasche und jähe Wechsel der Konjunkturen stellte den Kolonialbanken die Aufgabe, die Übergänge zwischen guten und schlechten Erntejahren zu mildern, in guten Jahren den Spartrieb anzuregen und die Gründung neuer Kulturen zu fördern, in schlechten Jahren aber durch produktive Kredite den Hilfsbedürftigen unter die Arme zu greifen, der Spekulation dagegen die Kredite zu verkürzen. Die Kolonialbanken sollten auf Vermehrung des Exports sowie auf weise Beschränkung des Imports hinwirken und dadurch die Handels- und Zahlungsbilanz der Kolonien regulieren. Der Erhaltung des Münzvorrates der Kolonien zu dienen, waren die von den Kolonialbanken auf Frankreich und das Ausland auszustellenden Tratten und Anweisungen bestimmt; denn sie bedeuten für den Außenhandel der Kolonie dasselbe, was die Noten für den inneren Handelsverkehr sind: ein neues Zahlungsmittel, das Bargeldsendungen erspart. Die hohen Wechselkurse waren zu beseitigen, der Leihzins zu ermäßigen und vor allem war Stetigkeit in den Geld- und Kreditverkehr der Kolonien zu bringen. Hierin lag für die Kolonialbanken eine ihrer schwierigsten Aufgaben, weil die Interessen der Bank mit denen der Kolonie in Konflikt geraten konnten. Gesetzt den Fall, die Lage der Kolonie verlange eine Herabsetzung des Leihzinsfußes und Erweiterung der Kredite, die Sicherheit der Bank aber eine Erhöhung des Leihzinsfußes und Einschränkung der Kredite. Gäbe die Kolonialbank unter solchen Umständen den Wünschen der Kolonie nach, so erfüllte sie zwar nur die ihr bei ihrer Gründung gesetzte Aufgabe: dem Handel der Kolonie durch Wechseldiskontierung, der Landwirtschaft durch Darlehen die Mittel zu gewähren, weiter zu leben und sich gedeihlich fort zu entwickeln. Die Bank selbst aber käme dabei in große Gefahr. Bei der späteren Würdigung der Tätigkeit der Kolonialbanken wird deshalb zu unterscheiden sein zwischen ihren Wirkungen auf die Kolonie und den Ergebnissen für die Aktionäre der Bank. Beides fällt durchaus nicht zusammen.

Nun zur Tätigkeit der Kolonialbanken selbst.

---

2. Kapitel.

DIE ÄUSSERE ENTWICKELUNG DER KOLONIALBANKEN.

Die 3 Banken der Zuckerkolonien öffneten ihre Schalter 1853, die Banken von Guyane und Sénégal erst 1855. Diese verspätete Errichtung hatte in Guyane üble Folgen. Während die Banken der Antillen und die Bank von Réunion noch rechtzeitig genug errichtet wurden, um den Mut der fast verzweifelten Pflanzer neu zu beleben, kam die Gründung der Bank von Guyane eigentlich schon zu spät. Die einst blühende Landwirtschaft Guyanes war bereits vernichtet; die in ihr beschäftigten Pflanzer hatten sich einer anderen Beschäftigung, dem Goldsuchen, zugewandt.[1]) Erst in neuster Zeit macht sich ein Umschwung bemerkbar. Jedenfalls führt der Bericht der Überwachungskommission über das Geschäftsjahr 1898/99 zum ersten Male die Warenlombarddarlehen als selbständigen Posten auf (bislang waren sie mit den Aktiendarlehen zusammen angegeben worden). Die Warenlombarddarlehen der Bank von Guyane betrugen:

1898/99	16 742 fr.,
1902/03	75 131 „
1903/04	160 820 „
1904/05	137 300 „

Es ist demnach eine ganz bedeutende Zunahme dieser Agrarkreditgeschäfte zu verzeichnen.

Nach diesem Exkurse zurück zu den ersten Entwicklungsjahren der Kolonialbanken. Da ihr Kapital durch Apports von Rentenbriefen und nicht durch Bareinzahlungen gebildet war, fehlte ihnen gleich zu Anfang der zur Geschäftstätigkeit benötigte Metallgeldvorrat. Sie mußten ihn sich erst verschaffen durch Verpfändung eines Teils ihrer Rentenbriefe an die Bank von Frankreich sowie an die Caisse de dépôts et consignations zu Paris, die den Kolonialbanken dafür einen mit 4% zu verzinsenden Kontokorrentkredit eröffneten. Das Bedürfnis nach französischen Münzen wurde sehr stark, als 1855 in den Antillen

[1]) Léveillé. 2. parl. Bericht 1898.

die fremden Münzen außer Kurs gesetzt wurden. Die dadurch hervorgerufene Geldkrise und eine gleichzeitig ausbrechende Zuckerkrise veranlaßten 1855/58 die Banken von Martinique und Sénégal, einen Teil ihrer Rentenbriefe zu verkaufen. Die Bank von Sénégal mußte sogar 1862 den letzten Teil ihrer Rentenbriefe im Werte von 94 461 fr. verkaufen, hatte dadurch aber den Vorteil, ihren Notenumlauf und damit auch ihre Diskont- und Darlehensgeschäfte um den dreifachen Betrag der obigen Summe vermehren zu können. Bei einem Grundkapital von nur 230 000 fr. war das sehr wichtig.

Die Verpfändung und Veräußerung der Rentenbriefe war nur nötig geworden, weil die Bank von Frankreich und die Caisse de dépots et consignations, welche anfangs die Vertreter der Kolonialbanken in Frankreich waren, nur gegen Deckung Kredit gewährten.[1]) Das hatte auch eine ziemliche Beschränkung des jeder Kolonialbank gewährten Kredits zur Folge gehabt, weil die Rentenbriefe der Banken ja nur bis zu $^4/_5$ ihres Werts beliehen werden durften. Ein Wandel trat hierin erst 1860 ein, als unter Vermittlung des französischen Marineministers[2]) zwischen den Kolonialbanken und dem Diskontkontor in Paris ein Vertrag geschlossen wurde, wonach das Kontor den Banken von Martinique und Réunion einen Kredit von je 4 Millionen fr., der Bank von Guadeloupe einen solchen von 6 Millionen fr. und der Bank von Guyane einen Kredit von 400 000 fr. eröffnete.[3])

§ 10.

DIE KOLONIALBANKEN IN DEN ZUCKERKOLONIEN.

Die Entwickelung der Kolonialbanken in den Zuckerkolonien ging rasch von statten. Von den gesamten 1853 und 1854 gemachten Vorschüssen, die anfangs fast ausschließlich in Form von Diskonts erfolgten (nämlich 14,5 Millionen fr. in Martinique 9,7 Millionen fr. in Guadeloupe und 16,3 Millionen fr. in Réunon), blieb kein Wechsel oder Schuldschein am Verfalltage unein-

[1]) Renaud a. a. O. S. 112.
[2]) Der bis 1893 zugleich auch Kolonialminister war.
[3]) Denizet a. a. O. S. 170.

gelöst. Auch die Wechselgeschäfte erlangten bald Bedeutung. Die Banken von Martinique und Guadeloupe gaben 1853 und 1854 für 5 bezw. 6 Millionen fr. Anweisungen auf die Bank von Frankreich aus, die Bank von Réunion nur für 1,4 Millionen fr.; aber sie sandte diese Anweisungen als Rimesse nach Indien zwecks Bezahlung der Einfuhr von indischen Arbeitern und indischem Reis.[1]) Dadurch wurde fortan die Ausfuhr von Metallgeld, mit dem Réunion bislang aus Mangel an geeigneten Exportartikeln nach Indien seine indische Einfuhr bezahlt hatte, überflüssig gemacht und der Geldumlauf der Kolonie sicher gestellt.

Die Erntedarlehen, von denen der Gesetzgeber 1851 im Überschwang gesagt hatte: c'est toute la banque coloniale, entwickelten sich nur langsam, am günstigsten noch in Guadeloupe, wo die Landwirtschaft durch die Sklavenbefreiung schwerer heimgesucht war als in den anderen beiden Zuckerkolonien.[2])

Die Kontokorrents erreichten 1858/59 in Martinique 32 Millionen francs und in Guadeloupe 44 Millionen francs. In Réunion blieb der Kontokorrentverkehr vorerst minimal. Die Kontokorrenteinzahlungen betrugen dort bis 1866 jährlich nicht mehr als 200 000 fr.

Die aufsteigende Entwicklung der Kolonialbanken wurde 1858 unterbrochen durch ein plötzliches Sinken der Zuckerpreise, dem ein Rimessenmangel und eine Geldkrise in den Kolonien auf dem Fuße folgten. Die Banken mußten sich Bargeld von Frankreich senden lassen und sahen dadurch ihre Schuld an die Bank von Frankreich beträchtlich erhöht. Während nun die Bank von Réunion klugerweise den Diskont erhöhte und ihre Kredite einschränkte, vermehrte die Bank von Martinique ihre gesamten Vorschüsse von 19 Millionen fr. (1856/57) auf 27 Millionen fr. (1857/58). Viele Wechsel und Schuldscheine blieben darauf hin am Verfalltage unbezahlt; erst auf das Einschreiten der Überwachungskommission hin nahm die Bank die notwendige Erhöhung ihres Diskonts von 6 auf 8, ja 10 % vor. Der Wechselkurs stieg in Martinique auf 15 bis 18 %, in Guade-

[1]) Bericht der Ü. Ko. 1853/55.
[2]) Denizet a. a. O. S. 167.

loupe auf 15 bis 16%, sank aber 1860, als die Krise aufgehört hatte, wieder auf 2%.

Der Krise von 1858 folgte eine glänzende Periode von 1859 bis 1863. Die Zuckerproduktion in Réunion erreichte mit 75 Millionen Kilogramm ihren Höhepunkt. Eine Übertreibung der Kreditgeschäfte durch die Banken von Martinique und Guadeloupe und ein Sinken der Zuckerpreise führten eine Krisenperiode von 1863 bis 1869 herbei. Die Außenstände der Bank von Guadeloupe stiegen auf 1,4 Millionen fr. infolge Konkurses von 12 Handelshäusern, die seit Jahren fast $^{1}/_{3}$ aller von der Bank gewährten Vorschüsse in Anspruch genommen hatten. Die ganze Reserve der Bank, welche schon 1 Millionen fr. erreicht hatte, wurde durch Verluste aufgezehrt, und 2 Jahre lang konnte keine Dividende verteilt werden.

Réunion wurde um dieselbe Zeit durch anhaltende Dürre, durch Blattkrankheiten und Insektenplage heimgesucht. Die Wirkung auf die Geschäfte der dortigen Bank blieb nicht aus: die Gesamtvorschüsse der Bank von Réunion, die 1861 noch 26 Millionen fr. betrugen, gingen auf 9 Millionen fr. im Jahre 1869/70 zurück.

Die Bank von Martinique erholte sich rascher als diejenige von Guadeloupe von den durch Außenstände im Betrage von mehr als $^{1}/_{2}$ Millionen fr. erlittenen Verlusten. Ihre Reserve erreichte 1868 das gesetzliche Maximum von 1,5 Millionen fr. und wurde in Rentenbriefen angelegt. Da die früher veräußerten, das Kapital der Bank repräsentierenden Rentenbriefe unterdessen wieder angekauft waren, besaß die Bank von Martinique 1873 (30. VI.) 4,5 Millionen fr. Rentenbriefe.

Mit dem Jahre 1870 begann eine erneute Aufwärtsbewegung in den Geschäftsziffern der Kolonialbanken, die sich bis 1883 erstreckte. Die Gesamtzahl der produktiven Geschäfte[1]) der 3 Kolonialbanken zeigt 1882/83 eine Höhe, die seitdem nie wieder

1) Jahr 1882|83	Martinique	Guadeloupe	Réunion
Diskont- u. Darlehensgeschäfte .	27,1 Mill. fr.	17,8 Mill. fr.	23,2 Mill. fr.
Wechselgeschäfte	33,1 „ „	38,2 „ „	18,9 „ „
Die gesamten produktiven Gesch.	60,2 Mill. fr.	56,0 Mill. fr.	42,1 Mill. fr.
Kontokorrenteinzahlungen . .	71,4 „ „	72,1 „ „	11 „ „

erreicht ist. Auch die Kontokorrentziffern[1]) des Geschäftsjahres 1882/83 bedeuten einen Höhepunkt, wenn man die Bank von Réunion ausnimmt. Das war nur möglich bei sehr günstigen Konjunkturen. Der Zuckerpreis hielt sich damals zwischen 60 bis 65 fr. pro Doppelzentner, und die Zuckerproduktion betrug in Martinique 50 Millionen Kilogramm, in Guadeloupe 50 bis 60 Millionen Kilogramm und in Réunion sogar 70 Millionen Kilogramm.[2]) Welch enormen unmittelbaren Einfluß die wechselnden Wirtschaftskonjunkturen auf das Geschäftsergebnis und die Dividenden der 3 Kolonialbanken ausübten, möge nachfolgende Gegenüberstellung veranschaulichen.

Es wurden durchschnittlich als Dividende verteilt:

von den Banken	in den Jahren 1857/70,	hingegen 1870/83
von Martinique . . .	9,32 %	15,34 %,
„ Guadeloupe . . .	7,19 %	13,82 %,
„ Réunion	8,57 %	14,67 %,

d. h. in der 2. Periode durchschnittlich ca. 6 % mehr als in der ersten. Die Tabelle zeigt einen bedeutenden Unterschied zwischen dem Ergebnis einer anhaltend günstigen Periode (1870—1883) und demjenigen einer gleich langen, aber von Krisen unterbrochenen Wirtschaftsperiode (1857—1870).

1884 setzte unvermittelt eine Zuckerkrise ohne gleichen ein. Der Zuckerpreis fiel infolge der Konkurrenz der Zuckerrübe von 65 fr. pro Doppelzentner auf 35 fr.[3]) Auf Grund der in den vorigen Perioden gemachten Erfahrungen wurden von den Banken sofort die Vorschüsse sowie die Ausgabe von Anweisungen auf Frankreich eingeschränkt, so daß die Banken von Martinique und Guadeloupe dank einer guten Ernte ohne Schaden die Krise überwanden und erstere von 1887/90: 14,5 %, 14 % und wieder 14 %, letztere 19 %, 23 % und 24,5 % Dividende zahlen konnte.

Ernster lagen die Verhältnisse in Réunion. Trotz glänzender Dividenden seit 1874 hatte die dortige Bank schwer zu leiden unter

---

[1]) Siehe Anmerkung 1 auf Seite 69.

[2]) Denizet a. a. O. S. 174.

[3]) Denizet a. a. O. S. 174.

dem Kursfall der in Réunion umlaufenden Rupie, welcher den Wechselkurs auf Frankreich 1879 auf 25 % steigen ließ. Die 1879 erfolgte Außerkurssetzung der fremden in Réunion umlaufenden Geldmünzen beseitigte eine Ursache des hohen Wechselkurses: die Verschiedenheit der Währungen zwischen Frankreich und Réunion. Der Wechselkurs sank daraufhin auf 2—3 %. Die Herabsetzung des Wechselkurses war in diesem Maße aber nur dadurch zu erreichen gewesen, daß der Gouverneur von Réunion der Bank befahl, Tratten auf Frankreich ohne Einschränkung zum Parikurse abzugeben; die Bank sollte dafür zu Rimessezwecken jede von ihr verlangte Zahl von Anweisungen auf das französische Schatzamt in Paris durch das koloniale Schatzamt in Réunion erhalten. Als nun 1884 die Zuckerkrise hereinbrach, schnellte der künstlich niedrig gehaltene Wechselkurs auf 7 %, dann auf 16 % empor. Alles Metallgeld verschwand aus der Insel, auf der bald nur Kassenscheine und Banknoten umliefen. Die lange Zeit verschleierte schlechte Lage der Bank von Réunion trat jetzt zutage. Ein Inspektor, der 1885 nach Réunion gesandt wurde, um die Verhältnisse zu studieren und die Banklage zu prüfen, stellte in einer Bilanz, welche nur reelle und statutarische Werte enthielt, fest, daß die ganze Reserve sowie ein Teil des Kapitals der Bank durch Verluste aufgezehrt sei. Die ungedeckte Schuld an das Diskontkontor in Paris betrug 5½ Millionen fr. Eine gründliche Reinigung des Portefeuilles der Bank, das Verbot einer Dividendenverteilung für die Jahre 1885 bis 1889 und die Einschränkung der Geschäfte, wie sie eine peinliche Beobachtung der Statuten seitens des neuen Bankdirektors mit sich brachte, besserten die Lage der Bank von Réunion zusehends, so daß 1890 wieder eine Dividende von 9,1 % verteilt werden konnte. Es blieb noch eine Schwierigkeit zu beheben. In den Kassen des kolonialen Schatzamts hatten Noten der Bank von Réunion sich haufenweise angesammelt, da die Bank mit ihnen die ihr vom Schatzamte gelieferten Anweisungen auf das französische Schatzamt bezahlt hatte.[1]) Zusammen

[1]) Denizet a. a. O. S. 186.

mit den récépissés d'espèces überstieg der Notenumlauf entgegen den Statuten den 3fachen Betrag des Metallvorrats der Kasse. 1890 erfolgte nun ein erneutes, während der 90er Jahre anhaltendes Sinken des sich kaum wieder gehobenen Zuckerpreises auf 36 fr. pro Doppelzentner. Die gewöhnliche Wirkung trat ein. Der Wechselkurs stieg von 1½% auf 25%, und wieder verschwand alles Metallgeld aus der Insel. Aber das Schlimmste kam noch. Schon lange hatte die Bank von Réunion unter der Konkurrenz anderer Kreditinstitute in der Kolonie, besonders des Crédit foncier colonial und der Société de crédit agricole et commercial zu leiden gehabt. Auf Drängen des Gouverneurs der Kolonie verband die Bank sich nun mit der Société de crédit agricole et commercial (S. a. c.) und, einigte sich mit ihr dahin, daß die Bank die von der S. a. c. ausgestellten Wechsel diskontieren sollte. Auf diese Weise stiegen die gesamten Vorschüsse der Bank von Réunion von 18,1 Millionen fr. (1888/89) auf 31 Millionen fr. (1892), darunter 21,9 Millionen fr. Platzwechsel. Unter diesen Platzwechseln gab es viele Kellerwechsel und oft erneuerte Wechsel. Die Überwachungskommission machte die Bank auf die große Gefahr aufmerksam — leider zu spät. 1892 sah die S. a. c. sich genötigt, ihre Zahlungen einzustellen. Die Bank von Réunion wurde hierdurch so sehr in Mitleidenschaft gezogen, daß die Kassenscheine eine Zeitlang ein Agio erzielten gegenüber ihren Banknoten.[1]) Der definitive Verlust der Bank an der S. a. c., der sich auf 1,5 Millionen fr. belief, wurde ihr zwar durch einen zinslosen Vorschuß der Kolonie, welcher in 20 Jahresraten aus dem Geschäftsgewinn zurückzuzahlen ist, ersetzt. Aber der Umstand, daß neben der Reserve auch ein Drittel des Grundkapitals verloren gegangen war, daß also nach Art. 62 der Statuten die Liquidation der Bank hätte verlangt werden können, beleuchtete die Sachlage in ihrem vollen Ernst.

Die Zuckerkrise und die Bankkrise erhöhten den Wechselkurs auf 30%. Sogar die Scheidemünzen von Nickel und

[1]) Denizet a. a. O. S. 179.

Kupfer wanderten aus, trotzdem ihre Ausfuhr durch Dekret vom 31. VII. 1893 verboten und mit Gefängnisstrafe bedroht war. Eine solche Lage mußte den Importhandel der Kolonie beunruhigen, auf den obendrein der hohe Wechselkurs wie ein Einfuhrzoll wirkte: der Import nahm also ab. Der Wechselkurs sank allmählich wieder al pari, aber nicht infolge einer günstigeren Handelsbilanz (der Export hatte ja nicht zugenommen), sondern weil von der Kolonie weniger gekauft wurde.

Auch auf den Antillen wurde die Geldfrage in den 90er Jahren brennend infolge der neu ausbrechenden Zuckerkrise. Der Import überstieg in Martinique den Export um die Hälfte. Eine Feuersbrunst, die 1891 Fort-de-France auf Martinique heimsuchte, und die großen Verwüstungen, die ein Zyklon in den Pflanzungen anrichtete, machten große Kredite des Mutterlandes zum Wiederaufbau der Stadt und zur Wiederherstellung der Pflanzungen erforderlich; sie vermehrten also den Import bei gleichzeitiger Abnahme des Exports. Unter diesen Umständen stieg der Wechselkurs von 2½ % (1892) auf 16 % (1897). Nicht ohne Einfluß darauf war die Konkurrenz einer englischen Kolonialbank in Martinique, welche die Bank von Martinique veranlaßte, sich mit ihr die Tratten der Zuckerraffinerien von Martinique zu teilen.[3]) Der Konkurs eines angesehenen Handelshauses in Martinique zwang 1897 die Bank, 2 Millionen fr. aus ihrem Portefeuille in die Außenstände zu setzen. Das bedeutete für die Bank den Verlust ihrer ganzen Reserve.

In Guadeloupe bewirkte anhaltende Dürre und der niedrige Zuckerpreis eine Erhöhung des Wechselkurses. Dieser stieg 1897 auf 28 und 30 %, ja stellenweise, als die Bank die Ausgabe von Anweisungen auf Frankreich einstellte, bis auf 50 %. Wie schon oben S. 62 erklärt, war dieser enorm hohe Wechselkurs nur möglich infolge Zusammenwirkens von passiver Zahlungsbilanz mit der Valutadifferenz zwischen 2 verschiedenen Währungen. Guadeloupe war ja damals wie Réunion tatsächlich Papierwährungsland.

---

[3]) Denizet a. a. O. S. 183.

Auch die Bank von Guadeloupe hatte 1895 eine unvorsichtige Gewährung von statutenwidrig hohen Erntedarlehen mit dem Verluste ihrer Reserve sowie von $^1/_3$ ihres Kapitals zu büßen.

1899 kurz vor Erneuerung des Kolonialbankgesetzes waren die Banken von Martinique und Guadeloupe ohne jede Reserve; die Bank von Réunion begann gerade wieder mit der Neubildung ihrer Reserven. Letztere Bank hatte von 1892—97 keine Dividenden, 1897 nur $2^1/_2$% Dividende verteilt. Die Bank von Guadeloupe bezahlte von 1895—1901 keine Dividenden, die Bank von Martinique 1893 noch 13%, 1894: 6%, 1895 und 1896 je 2%, dann 1897 und 1898 keine Dividende und 1899 wieder 5% Dividende. Allein die Konti der Banken waren nunmehr von allen schlechten Werten gesäubert; sie enthielten nur noch reelle und statutarische Werte.

So konnte unter der Herrschaft des neuen Kolonialbankgesetzes von 1901 eine neue Periode für die 3 Kolonialbanken beginnen, in welcher die genaue Beobachtung der Statuten das Leitmotiv ist, und in welcher mehr auf Bonität denn auf Quantität des Portefeuilles gesehen wird. Es wurden verschiedene neue Reserven gebildet und dadurch die Stetigkeit und Sicherheit der Geschäftsergebnisse erhöht. Die Erdbebenkatastrophe in Martinique im Mai 1902 hat für den Augenblick die Bank stark mitgenommen, da verschiedene ihrer Wechsel verbrannten und ein Teil ihrer Schuldner ebenso wie der Direktor, Verwaltungsrat und die meisten Angestellten der Bank dabei ums Leben kamen. Von dauernder Nachwirkung war das Ereignis nicht. Leider läßt sich von der Brüsseler Zuckerkonvention nicht dasselbe sagen. Das auf sie zurückführende weitere Sinken der Zuckerpreise hat zu einer Abnahme der Geschäftsziffern der 3 Kolonialbanken geführt, die zu Bedenken Anlaß gibt. Immerhin ist in Anbetracht aller Umstände die gegenwärtige Lage der 3 Kolonialbanken befriedigend.

Bis 1901 hatte keine der 3 Banken eine Zweigniederlassung gegründet. Zuerst hat dann die Bank von Martinique eine Geschäftsstelle eröffnet und zwar in Fort-de-France am 1. XI. 1901. Seit 1905 ist Fort-de-France übrigens Sitz der

Bank von Martinique und St.-Pierre in eine bloße Geschäftsstelle umgewandelt. Am 13. I. 1902 gründete die Bank von Guadeloupe eine Agentur in Basse-Terre. Die Bank von Réunion wurde schließlich durch Dekret vom 5. II. 04 ermächtigt, in St.-Pierre (auf Réunion) eine Geschäftsstelle zu errichten.

Die Zeit, wo die Kolonialbanken die Gründung von Nebenstellen für kostspielig und schädlich hielten, scheint demnach der Vergangenheit anzugehören.

Soviel über die äußere Entwickelung der Kolonialbanken in den Zuckerkolonien.

§ 11.

DIE BANK VON GUYANE.

Über die Banken von Guyane und Sénégal können wir uns wesentlich kürzer fassen.

Durch die Sklavenbefreiung wurde die Landwirtschaft von Guyane tödlich getroffen. Da seitdem Guyane weder die täglichen Lebensmittel noch Exportwaren produzierte, sank sein Außenhandel bedeutend. Die Einfuhr der Kolonie wurde durch die Ausfuhr von Rohgold bezahlt. Das Goldsuchen in den Flußläufen des Awa, Maroni, Carswène und Inini bildete fast die einzige Beschäftigung der Bewohner Guyanes. Die dortige Bank erwarb das Rohgold gegen Abgabe von Banknoten oder Anweisungen auf Frankreich und das Ausland. Die Goldverkäufer ließen dann diese Anweisungen in Europa diskontieren und erhielten dadurch das Metallgeld, das sie zur Bezahlung der Lebensmitteleinfuhr Guyanes benötigten. Oder aber die Goldverkäufer stellten selbst Tratten auf ihre Verkaufskommissionäre in Europa aus, und die Bank diskontierte ihnen dann diese Wechsel, deren zweite Unterschrift ersetzt war durch ein Konossement, lautend auf eine Ladung Rohgold. Die Bank sandte das von ihr erworbene Rohgold an das Diskontkontor. Diese envois d'or natif bildeten den Hauptbestandteil ihrer Rimessen; sie schwankten aber sehr stark von Jahr zu Jahr und betrugen z. B. 1894/5 6,8 Millionen fr., dagegen 1899/1900 nur 664 606 fr. und 1901/02 wieder 6 Millionen fr. In Jahren geringer Goldausbeute mußten Tratten des kolonialen Schatzamts der Bank helfen, ihr Konto beim Diskontkontor zu saldieren, da es dann mangels eines anderen Exportartikels in Guyane an Handelsrimessen fehlte.

Das Kapital der Bank von Guyane betrug 1855 bei Beginn ihrer Geschäfte 300 000 fr. 1863 wurde es auf 600 000 fr. erhöht, wobei auf die neuen Aktien 250 fr. von den Aktionären bar eingezahlt wurden und 250 fr. pro Aktie dem Reservefonds entnommen wurden. Dieser hatte schon nach 7 Jahren sein gesetzliches Maximum von 150 000 fr. erreicht, war aber jetzt neu zu bilden. Die Bank von Guyane hatte die Kapitalvermehrung erbeten, weil sie von den damals in Guyane neu begründeten Strafanstalten eine Belebung der kolonialen Landwirtschaft erhoffte, der es bislang nur an Arbeitskräften gefehlt hatte. Die Hoffnung der Bank erfüllte sich aber nicht. Doch dehnte die Bank in der Folgezeit ihre Diskontgeschäfte bedeutend aus. Die gesamten von ihr gewährten Vorschüsse stiegen in den ersten 10 Jahren stetig bis auf ca. 4 Millionen fr. 1864/5; sie schwankten dann zwischen 4,5 und 2,6 Millionen fr. bis sie 1882/3 4,6 Millionen fr., 1891 5,9 Millionen fr. erreichten und 1893/4 zum ersten Male, 1900/01 zum zweiten Male 6 Millionen fr. überschritten. 1904/5 sanken sie wieder auf 4,7 Millionen fr.

Unter den Kreditgeschäften der Bank nahmen die Diskontgeschäfte die erste Stelle ein. Erntedarlehen hat die Bank nie gegeben, wohl aber Darlehen auf Aktien und auf Importwaren. Seit 1898 führt die Bank die Warendarlehen von den Aktiendarlehen getrennt auf. Erstere betrugen 1898/9 nur 16 742 fr., aber schon 1903/4 160 820 fr. Der Aufschwung ist unverkennbar.

Die Kontokorrenteinzahlungen nahmen nur langsam und mit Unterbrechung zu, erreichten aber 1902/3 8,4 Millionen fr. mit einem solde débiteur der Bank von 1,3 Millionen fr. Die Depositen betrugen also etwas mehr als das Doppelte des Grundkapitals der Bank.

Der Notenumlauf betrug 1866 zum ersten Male mehr als

1 Million fr. 1904 stieg er auf 2,5 Millionen fr., das ist etwa das Vierfache des Grundkapitals der Bank.

Betrachtet man die von der Bank von Guyane seit ihrer Gründung geübten Geschäftsmethoden, so kann man nicht umhin, ihre peinlich genaue Beobachtung der Statuten und ihre echt kaufmännische Leitung zu rühmen. Das allein erklärt die ganz ausgezeichneten Dividenden, die den Aktionären der Bank zuteil geworden sind trotz der relativ geringen und wenig entwickelten Geschäftsziffern der Bank. Bei der Erneuerung des Kolonialbankprivilegs erkannte man aber die Notwendigkeit, die Zukunft der Bank von Guyane auf eine sichere und breitere Grundlage zu stellen.[1]) Das war nur möglich, wenn man endlich Hand anlegte an die landwirtschaftliche Nutzbarmachung der Kolonie; es galt ihre Wälder zur Baumzucht, ihre Weiden zur Viehzucht, ihre Niederungen zur Kaffee-, Kakao- und Vanillekultur zu benutzen. Was in dieser Beziehung seit 1901 geleistet worden ist, konnte unsererseits bislang nicht festgestellt werden. Einen erkennbaren Einfluß hat die neubelebte wirtschaftliche Tätigkeit in Guyane höchstens auf die Warendarlehen, auf den Notenumlauf und auf den Kontokorrentverkehr der Bank ausgeübt. Doch kann man aus den Geschäftsziffern seit 1901 noch keine sicheren Schlüsse ziehen.

Guyanes Hauptgeschäft bleibt nach wie vor der Goldhandel. Deshalb hat der Direktor der Bank von Guyane 1902 in Maroni, einem Hauptorte der Goldproduktion, einen Unterkassierer angestellt, um den Zwischenhandel bei den Goldgeschäften zu beseitigen und die Goldproduzenten zu veranlassen, direkt mit der Bank ihre Goldverkäufe abzuschließen.

§ 12.
DIE BANK VON SÉNÉGAL.

Die Bank von Sénégal hat sich sehr langsam entwickelt. Man hat dabei zu beachten, daß St.-Louis und Dakar, die beiden Niederlassungen der Bank, bloße Handelskontore waren. Deshalb bildeten die Wechsel und Diskontgeschäfte fast die einzigen

[1]) Vergl. Léveillé 2. parlam. Bericht 1898.

Geschäfte der Bank. Die einzige landwirtschaftliche Kultur Sénégals, die Arachidenkultur, befand sich in den Händen der Eingeborenen und erforderte wenig Kosten. Der Agrarkredit spielte dort keine Rolle. Von einiger Bedeutung waren noch die Darlehen auf gemünztes oder ungemünztes Gold und Silber. Dagegen gelang es der Bank nur unter großen Schwierigkeiten, ihren Noten bei den Eingeborenen Eingang zu verschaffen. Da diese sich die Arachiden nur mit Metallgeld, nicht mit Noten bezahlen ließen, sah sich die Bank namentlich bei einer reichlichen Arachidenernte gezwungen, ganz beträchtliche Geldmengen aus Frankreich kommen zu lassen. Während die Bank somit alle Lasten eines Geld- und Kreditinstitutes hatte, entging ihr der Gewinn des Wechselgeschäfts infolge der Konkurrenz der großen Handelshäuser in Sénégal, die fast alle Handelstratten in ihrer Hand hatten.[1])

Diese Umstände bestimmten die Generalversammlung der Aktionäre am 25. I. 1901, die Liquidation der Bank zu beschließen. Man sah ein, daß die Bank den Handelshäusern gegenüber konkurrenzfähiger gemacht werden müßte und daß sie neben einer Kapitalerhöhung, die im Laufe der Jahre schon zweimal (1876 und 1888) stattgefunden hatte, vor allem einer Erweiterung ihres Tätigkeitsfeldes und ihres Geschäftskreises bedürfe, um nicht nur zu leben, sondern auch zu blühen und zu gedeihen.

Die Erbschaft der Bank von Sénégal hat 1901 die Bank von Westafrika angetreten, von der weiter unten noch die Rede sein wird.

---

3. Kapitel.

DIE INNERE ENTWICKLUNG DER KOLONIALBANKEN.

Nach den Ausführungen über den äußeren Werdegang der Kolonialbanken dürfte jetzt eine Darstellung ihrer inneren Entwicklung an der Hand der einzelnen Kolonialbankgeschäfte am Platze sein.

---

[1]) Renaud a. a. O. S. 213.

§ 13.
DIE DISKONTGESCHÄFTE.

Die Diskontgeschäfte haben wir schon oben als Geschäfte des Personalkredits gekennzeichnet. Das Risiko der Bank war hierbei groß, und Fehler waren schwer zu vermeiden. Allzu große Nachgiebigkeit gegenüber lokalen Einflüssen und zu geringe Prüfung der Zahlungsfähigkeit der Unterschriften sowie der Tendenzen, die auf Erneuerung und auf Konzentration der diskontierten Wechsel auf wenige Schuldner gerichtet waren, auf der einen Seite — ein zu hoher Diskontsatz im Verhältnis zum Leihzins für Pfanddarlehen und zur verteilten Dividende auf der anderen Seite — waren für den Bankdirektor Scylla und Charybdis, durch die es hindurch zu steuern galt.

Eine Zunahme der Diskontgeschäfte der Bank war oft nur die natürliche Folge eines wirtschaftlichen Aufschwungs der Kolonie; sie veranlaßte dann eine erhöhte Notenausgabe oder machte gar eine Kapitalerhöhung notwendig. Wurde die Zunahme der Diskontgeschäfte hervorgerufen durch die Vornahme öffentlicher Arbeiten (z. B. von Eisenbahnen wie in Sénégal) oder durch außerordentliche Ereignisse, die das Kreditbedürfnis in ungewöhnlicher Weise steigerten (wie durch den Zyklon, der 1892 Martiniques Pflanzungen verwüstete), so war an sich noch kein Grund zur Besorgnis gegeben. Denn es handelte sich ja um produktiven Kredit. Bedenklicher erwies es sich schon, wenn die Diskontgeschäfte zunahmen infolge Herabsetzung des Diskontsatzes, zumal wenn damit wie 1857 in Martinique der Ausbruch einer Krise zusammentraf. Geradezu verhängnisvoll war aber für die Banken ein hoher sich jahrelang gleichbleibender Wechselbestand, sofern er sich zusammensetzte aus ständig erneuerten Wechseln, d. h. aus Krediten, welche die Bank nach Ablauf der 120 Tage Maximallaufzeit für Wechsel wieder an dieselben Wechselschuldner in der alten Höhe gewährt hatte. In Martinique trat dann der Fall ein, daß gewisse Schuldner der Bank keine anderen Hilfsquellen hatten, als die ihnen beständig erneuerten Wechselkredite. Die Gefahr, die hieraus den Banken erwuchs, liegt auf der Hand. Da aber nun mal in den Kolonien ein Bedürfnis nach längerem als 120 tägigem Kredit bestand, so konnte auch die Überwachungskommission der Kolonialbanken sich gegen eine Erneuerung der Wechselkredite nicht prinzipiell ablehnend verhalten. Wohl aber — so erklärte sie — sei eine Bestimmung oder der Brauch am Platze, daß keine Erneuerung ohne Amortisation von 5—10 % der Forderung erfolgen dürfe, und daß der Schuldner, der sich seine Schuld erneuern lasse, nicht mehr zum Diskont zugelassen werden dürfe.[1]) Ein schlechter Wechselbestand war bei den Kolonialbanken oft nur die Folge einer Übertreibung der Diskontgeschäfte: dadurch wurde das Kapital der Bank in schlechten Papieren, d. h. in Wechseln mit geringerer Sicherheit festgelegt und andererseits die Diskontierung guter Papiere aus Mangel an flüssigem Kapital erschwert und unmöglich gemacht. Das schlechte Papier vertrieb das gute Papier aus dem Wechselportefeuille der Bank ähnlich wie in Doppelwährungsländern die schlechte Münze die bessere außer Landes treibt.

Auch eine Einschränkung der Diskontgeschäfte durch die Kolonialbanken war nicht immer lobenswert: sie war eine weise Maßregel, wenn eine Überspekulation eine Einschränkung des Kredits als wünschenswert erscheinen ließ; sie konnte aber ebenso gut auch ein Fehler sein, sofern die Lage der Kolonie die weitgehendste Unterstützung seitens der Bank erforderte, so 1872, als eine Feuersbrunst Guadeloupe heimgesucht hatte. Ein Konflikt zwischen dem Bankinteresse und dem Interesse der Kolonie lag dann nicht außer Bereich der Möglichkeit. Eine Abnahme des Wechselbestandes zeigte oft nur an, daß das Wechselkonto von allen zweifelhaften Forderungen und schlechten Papieren befreit war. Ebenso günstig war für die Bank eine Abnahme der Diskontgeschäfte unter gleichzeitiger Zunahme der Pfanddarlehen, weil sich auf diese Weise die Sicherheit der Bank erhöhte. Freilich ging dieser Übergang von den Diskontgeschäften zu den Darlehensgeschäften überall da nicht recht von statten,

[1]) Bericht der Ü. Ko. 1904/5.

wo ihm langjährige Gewohnheiten und Bräuche entgegenstanden. Dies gilt besonders für Martinique, wo die Diskontgeschäfte bis auf den heutigen Tag das hauptsächlichste Kreditgeschäft der Bank geblieben sind und die Pfanddarlehen keine auch nur annähernd gleiche Verbreitung gefunden haben. In Martinique ist es Brauch, daß der Ausführkommissionär den vom Pflanzer ausgestellten Solawechsel indossiert und so durch seine Unterschrift die direkte Diskontierung seitens der Bank ermöglicht.[1]) Dieser Brauch hat sich trotz der Erntedarlehen erhalten; aber es besteht kein Zweifel, daß die Möglichkeit, auf die eben erwähnte Form des Pfanddarlehens zurückzugreifen, Zinsfuß und Bedingungen des Diskontgeschäfts wesentlich zugunsten des diskontsuchenden Schuldners verbessert hat.

Der Diskontsatz der Kolonialbanken beträgt 8—6 %, selten 10 %, und ist bedeutend höher als der Leihzins für Pfanddarlehen; er erhöht sich, wenn der Diskontsatz in Frankreich erhöht wird.

§ 14.

DIE ERNTEDARLEHEN.

Die Erntedarlehen fanden in Martinique und Réunion erst ganz allmählich Eingang. In Guadeloupe ging die Entwicklung rascher vor sich, weil dort die Landwirtschaft unter der Sklavenbefreiung ganz besonders gelitten hatte. Die Erntedarlehen waren in Guadeloupe schon 1860 so beliebt, daß die Nachfrage das Angebot der Bank, das durch die Beleihungsgrenze der verpfändeten Ernte beschränkt und bestimmt war, überstieg und die Pflanzer gezwungen waren, sich noch ca. 8—9 Millionen fr. auf dem Wege der Diskontierung zu leihen. Später freilich haben die Banken von Guadeloupe und Martinique, wohl im Interesse der Zuckerpflanzungen, ja oft fast auf Drängen des Gouverneurs der Kolonie Erntedarlehen in einer den Statuten widersprechenden Höhe gegeben. Diese Erntedarlehen nahmen deshalb ganz bedeutend ab, als die Bank von Martinique auf Verlangen der

[1]) Bericht der Ü. Ko. 1853/5.

Überwachungskommission wieder nur noch $^1/_3$ des Werts der Ernte belieh. Die Sicherheit der Kolonialbanken wurde noch dadurch erhöht, daß, wie z. B. 1871/3 in Guadeloupe mehr als $^1/_3$ aller Erntedarlehen an Zuckerraffinerien erfolgten oder (1880) an Pflanzer, für deren Zahlungsfähigkeit die Zuckerraffinerien sich verbürgten. Trotz der großen auf diesem Wege gewährten Kredite waren die Außenstände gering.[1]) Der Leihzins für Erntedarlehen sank angesichts dieser Umstände auf 6 und 5 %, in Martinique sogar auf 3 %. Der Gewinn der Banken bei diesen Geschäften war trotzdem recht bedeutend infolge besonderer Geschäftsverknüpfungen, die im folgenden kurz erörtert werden mögen.

Nehmen wir einen Leihzins von 6 % an. Bei einem Darlehen von 10 000 fr. auf eine auf 30 000 fr. geschätzte Ernte brachte das der Bank schon $\frac{6 \times 10\,000}{100} = 600$ fr. p.a. ein. Es war nun bei den Kolonialbanken Brauch, den ganzen Ertrag der Ernte ihrer Schuldner ohne Entgelt mittelst Tratte und Konossement an sich zu nehmen und die Tratten etwa gegen 2 % Prämie zu verkaufen. Das machte wieder 600 fr. $\left(\frac{2 \times 30\,000 \text{ fr.}}{100}\right)$ p. a. So ward das Geld der Bank meist mit 12 % p. a. verzinst.[2]) Dieses Endergebnis änderte sich, wenn die Bank in Krisenzeiten ihre Tratten nicht mehr mit 2 % Gewinn verkaufen konnte, da sie selbst den Lieferanten von Tratten eine Prämie zahlen mußte. Trotzdem zeigt das obige Beispiel, daß der Leihzins für die Erntedarlehen eigentlich zu hoch war. Ein niederer Zinsfuß hätte dem Ertrage des Bodens besser entsprochen. Immerhin ist festzustellen, daß das Risiko der Bank recht groß war. Wenn auch bei einer guten Ernte alle Darlehen pünktlich und glatt zurückbezahlt wurden, so waren die Wirkungen der Krisenjahre desto zerstörender. Der Pflanzer konnte betroffen werden durch ein schlechtes Ernteergebnis oder durch ein Sinken der Zuckerpreise. Beides konnte aber auch zusammen eintreten, und dann wurde auch die Bank von dem

[1]) Vergl. Bericht der Überwachungskommission 1880/81.

[2]) Isaak, parlam. Bericht 1898.

Ruin des Pflanzers in Mitleidenschaft gezogen. Der Pflanzer, der in guten Jahren zwecks Vergrößerung seines Betriebes seinen Kredit bei der Bank erweitert hatte, konnte ihn bei schlechten Preisen nicht plötzlich einschränken; er mußte vielmehr versuchen, die schlechten Preise durch reichliche Ernten auszugleichen. So nahmen auch in Krisenzeiten die Erntedarlehen noch zu, und wenn dann wie 1893 der Zuckerpreis von 50 fr. pro Doppelzentner auf 26 fr. sank, oder wie 1890 die Ernte um $^1/_3$ hinter der erwarteten Quantität zurückblieb, so war $^1/_2$—$^1/_3$ des Pfandes verloren. Einen gewissen Schutz gegen diese Gefahren bietet den Banken der neue Art. 14, II des Gesetzes von 1901, der den Darlehensschuldnern die Verpflichtung auferlegt, bei einem Preisrückgange des Pfandes von mehr als 20 % der Bank Deckung zu schaffen.

Die Kolonialbanken haben bei den Erntedarlehen große Verluste erlitten, zum großen Teil durch eigene Schuld. So mußten 1895 von der Bank von Guadeloupe $3^1/_2$ Millionen fr. prêts sur récolte in die Außenstände gesetzt, also zu $^4/_5$ verloren gegeben werden. Die Schuldner dieser prêts sur récolte waren in der Hauptsache zwei Zuckerraffinerien; schon seit 12 Jahren ließ ihr Kontokorrent mit der Bank einen solde débiteur von 1 Million fr., ohne daß die Bank eingeschritten wäre.[1]) Diese unkluge Kreditgewährung kostete die Bank damals ihre ganzen Reserven und $^1/_3$ ihres Kapitals.

Trotz alledem haben sich die Erntedarlehen in den Zuckerkolonien so eingebürgert, daß ihre Beseitigung die ganze dortige Zuckerkultur in Frage stellen würde.

§ 15.

DIE WARENDARLEHEN.

Die Warendarlehen sind besonders in Réunion ausgebildet worden. Das hing zusammen mit der Notwendigkeit, sich Bargeld oder Tratten zu verschaffen, um unverzüglich den fremden Import von Reis, Kabeljau und anderen Lebensmitteln bezahlen

[1]) Bericht der Ü. Ko. 1894/95.

zu können. Durch die Darlehen erhält der Exporteur die Möglichkeit, eine günstige Preisbildung für seine Waren abzuwarten, ohne daß er gezwungen ist, die Waren um jeden Preis zu verkaufen und zu verschleudern. Die Bank vertritt hier also das Interesse des kolonialen Produzenten gegenüber den fremdländischen und französischen Kaufleuten.

Auch der Import der Kolonie wurde durch die Warendarlehen sehr begünstigt, besonders solange die Waren bis zu ihrem vollen Werte beliehen werden durften. Seit 1901 ist die Beleihungsgrenze für Waren auf $^3/_4$ ihres Werts herabgesetzt. Auch jetzt noch hat der Importeur den Vorteil, daß er $^3/_4$ des Werts seines Imports realisieren kann, noch bevor die Waren verkauft sind. Eine Erleichterung des Imports lag im Interesse der kolonialen Konsumenten, nicht aber ein Überwiegen des Imports über den Export im Interesse der Kolonie. Deshalb wurden Import- und Exportwaren bei ihrer Beleihung von den Kolonialbanken verschieden behandelt, indem der Leihzins für jene 8,9 und 10 %, der Leihzins für diese nur 6—5 % betrug.

Die Verluste der Kolonialbanken bei den vorsichtig gewährten Warendarlehen waren relativ gering gegenüber denjenigen, welche sie in ihren Diskont- und Erntedarlehensgeschäften erlitten.

§ 16.

DIE WECHSELGESCHÄFTE.

Für die Ausdehnung der Wechselgeschäfte der Kolonialbanken war entscheidend das Angebot von Rimessen. Dieses richtete sich nach der Produktion des Landes: in den Zuckerkolonien nach der Zuckerernte, in Guyane nach der Goldausbeute und in Sénégal nach der Arachidenernte. Bei geringer Produktion wurden die Rimessen selten, und die Geldsendungen zu Rimessezwecken machten eine Geldeinfuhr in die Kolonie seitens der Bank erforderlich. Hierdurch erhielten die Kolonialbanken oft unter großen Opfern den Geldumlauf der Kolonie aufrecht. Aber auch ein gutes Produktionsergebnis konnte große Geldsendungen aus Frankreich z. B. zum Ankaufe des or natif oder

der Arachidenernte nötig machen. Denn Rohgold wurde in Guyane nur gegen Goldgeld abgegeben, und die Arachidenernte von Sénégal konnte nur mit gemünztem Gelde bezahlt werden, da die Eingeborenen die Noten der Bank nicht in Zahlung nahmen.

Die Produktion des Landes übte also auf die Wechselgeschäfte der Kolonialbanken den maßgebendsten Einfluß aus. Die Tratte des Pflanzers oder Zuckerfabrikanten wurde in der Hand der Bank zur Rimesse; die Bank konnte nun auf Grund dieser Rimesse eine Anweisung auf das Diskontkontor ausstellen, z. B. zugunsten eines Kaufmanns, der eine entsprechende Summe in Frankreich oder überall, wo das Kontor Niederlassungen besaß, zu zahlen haben konnte. Oft brauchte aber der Kunde der Bank eine Anweisung, obwohl die Bank noch keine Rimesse zur Deckung der auszugebenden Anweisung hatte. Dann stieg die Prämie für Anweisungen entsprechend mit den Kosten, welche der Bank durch den Erwerb von Rimessen erwuchsen. Am höchsten war die Prämie immer in der Zeit zwischen 2 Ernten, also wenn es gar keine Rimessen gab. Sobald die Prämie aber 4 % überschritt, lohnte es sich, nicht mit Tratten sondern mit Bargeld zu zahlen, da die Kosten der Versendung und Versicherung weniger als 4 % ausmachten. Das Bargeld wurde dem Kassenbestand der Bank durch Präsentierung der Banknoten entnommen und dann ausgeführt. Wenig half dagegen, daß die Kolonialbanken ihre Noten in Silber zurückzahlten, das nicht ausgeführt wurde. Meist mußte die Bank in solchen Lagen sich Bargeld aus Frankreich kommen lassen, um die Einlösung ihrer Noten zu sichern. Das erhöhte aber die Schuld der Bank an das Kontor.

Die Kolonialbanken hatten also selbst ein Interesse an einem niedrigen Wechselkurse. 1896 hielt die Bank von Guadeloupe den Wechselkurs auf 15 % unter Schonung des Handels und der Konsumenten. Spekulanten kauften aber die Anweisungen der Bank zu 15 % auf, um sie höher wieder zu verkaufen, was bei der steigenden Nachfrage leicht zu machen war. Als nun die Kaufleute stürmisch Rimessen um jeden

Preis verlangten, weil die fremdländischen oder französischen Importeure ihre Einfuhr in die Kolonie einstellen würden, wenn sie ihre Vorschüsse nicht zurückbezahlt erhielten, da sah sich die Bank genötigt, den Wechselkurs auf 30 % zu erhöhen. Sie übernahm aber zugleich die Verpflichtung an jedermann, jede verlangte Zahl von Anweisungen auf Frankreich abzugeben. Trotzdem mußte die Bank mangels aller Rimessen bald ihre Wechselgeschäfte bis zum Beginne der Ernte einstellen. Während dieser Zeit stieg der Kurs auf 48 und 49 %. Erst der Beginn der Ernte brachte eine Besserung.[1])

Neben den Handelsrimessen erwarben die Banken, besonders die Banken von Guyane und Sénégal, zu Rimessezwecken auch Anweisungen auf das französische Schatzamt gegen eine hohe Prämie. Allmählich sammelten sich nun in den Kassen des kolonialen Schatzamts eine große Zahl von Banknoten an, mit denen die Schatzanweisungen von der Bank bezahlt waren. Die sofortige Zurückzahlung dieser Noten durch die betreffende Bank hätte große Geldsendungen aus Frankreich nötig gemacht und unter Umständen den Ruin der betreffenden Bank herbeiführen können. Dessenungeachtet verlangte 1896 das koloniale Schatzamt in Guadeloupe plötzlich von der Bank von Guadeloupe die Rückzahlung von 2 Millionen fr. Noten, eine Summe, von welcher 200 000 fr. auf die für die Schatzanweisungen von der Bank gezahlten Prämien entfielen. Das koloniale Schatzamt hatte als Bankier gehandelt und am Wechselkurse zu verdienen gesucht.[2]) Das war entschieden ein Mißbrauch seines Rechts, auf das französische Schatzamt Anweisungen auszustellen. Für die Bank hatte dies die unangenehme Folge, daß sie von 1893 bis 1897 dem kolonialen Schatzamte für 4,3 Millionen fr. Noten einlösen und zu diesem Zweck 3,9 Millionen fr. Metallgeld aus Frankreich kommen lassen mußte.

In Martinique hatte die Bank 1889 gegenüber den enormen Bedürfnissen der Kolonie nicht gezögert, ihren Kredit beim Kontor zu überschreiten. Sie zahlte ihren verfügbaren Metallvorrat dem

[1]) Isaak, Parlam. Bericht 1898.
[2]) Isaak, Parlam. Bericht 1898.

kolonialen Schatzamte ein; der Gegenwert dieser Einzahlung wurde ihrem Konto beim Diskontkontor gut geschrieben. Auf diese Weise verschaffte sich die Bank von Martinique 1891/93 für 3,3 Millionen fr. Rimessen al pari, auf welche das Schatzamt nur $^1/_3$ metallische Zahlung, den Rest in Noten eingefordert hatte. Auch hier bot die Rückzahlung der Noten große Schwierigkeiten.

Im Schatzamte von Réunion hatten sich Mitte der 90er Jahre Noten der dortigen Bank deshalb in so starkem Maße angesammelt, weil die Bank dem Schatzamte 3 Millionen fr. Noten eingehändigt und dieses dafür dem Diskontkontor 3 Millionen fr. in bar zugunsten der Kolonialbank ausbezahlt hatte. Diese Einzahlungen sollten die Schuld der Bank gegen das Kontor vermindern; sie führten aber zu einer Übertreibung der Ziehungen (émissions) auf das Kontor und so zu einer ganz enormen Steigerung der Schuld an das Kontor. Am 30. VI. 1896 besaß das koloniale Schatzamt für 6,2 Millionen fr. Noten der Bank von Réunion, obwohl es nach ministerieller Verordnung für höchstens 1,5 Millionen fr. Noten in seinen Kassen haben sollte. Man wagte damals nicht, die sofortige Rückzahlung dieser Noten zu verlangen, aus Furcht, die so wie so gefährliche Lage der Bank von Réunion noch mehr zu verschlimmern. Lieber tauschte man die Noten gegen récépissés d'espèces aus und bereitete so ihre Rückzahlung vor. Seit 1899 herrschen wieder normale Zustände.

Die hohen Wechselkurse und die durch sie veranlaßte starke Ansammlung von Banknoten im kolonialen Schatzamt waren Ausnahmeerscheinungen (trotzdem sie in Krisenzeiten ziemlich regelmäßig wiederkehrten), da sie mit der Krise wieder verschwanden. Aber für den Rimessenmangel in Zeiten einer wirtschaftlichen Krise war es doch sehr bezeichnend, daß die Bank von Martinique 1895 und die Bank von Guadeloupe 1896 ihren Schuldnern aus prêts sur récolte die Verpflichtung auferlegte, alle ihre Tratten auf Frankreich zum Parikurse an die Bank abzugeben. Dagegen mußten die Banken all den Lieferanten von Tratten, welche die Vermittlung und Unterstützung der Bank nicht brauchten, mindestens $^1/_4$ des beim Verkaufe ihrer Tratten und Anweisungen erzielten Prämiengewinns versprechen. Trotzdem erhielten die Banken nicht die gewünschten Rimessen in ausreichender Höhe.

An dieser Stelle ist auch auf die enge Beziehung zwischen dem auswärtigen Zahlungsverkehr und dem inneren Geldumlauf der Kolonie hinzuweisen. Bei einem hohen Wechselkurse strömte das Metallgeld aus der Kolonie. Trat dann ein reiner Papierumlauf ein, so kannte wiederum der Wechselkurs keine Grenzen. Dem Geldabflusse hätte man steuern können durch Schaffung einer kolonialen Münze mit rein lokaler Zahlungskraft, deren Ausfuhr nicht zu befürchten stand. Damit wäre aber die Währungseinheit zwischen Frankreich und seinen Kolonien aufgehoben worden. Und man hätte die Sicherung des Geldumlaufs in der Kolonie mit einem ständig hohen Wechselkurse auf Frankreich erkauft, der schließlich den Importeuren und damit den Konsumenten den Import hätte verteuern müssen. Deshalb war der Weg vorzuziehen, der zur Lösung der Wechselfrage beschritten wurde, nämlich neben rein lokalen Münzen und Geldzeichen (monnaies divisionnaires, Noten- und Kassenscheinen), auch französisches Geld, das zu Rimessen verwendet werden konnte, in der Kolonie im Umlaufe zu erhalten. Man erreichte dadurch wenigstens, daß der Wechselkurs nur in Krisenzeiten emporschnellte, daß er aber unter normalen Umständen 1—2 % nicht überstieg.

Das Geld, welches in Krisenzeiten abfloß, wurde im Umlauf durch eine vermehrte Notenausgabe ersetzt. Und der Metallgeldmangel in der Kolonie verlor für die Bank etwas von seiner Gefährlichkeit dadurch, daß es den Kolonialbanken gestattet ward, ihre Noten auch in Kassenscheinen einzulösen. Diese waren in den Zuckerkolonien 1879 bezw. 1884 ausgestellt in Beträgen von 2, 1 und 0,50 fr., hatten Zwangskurs, und ihr voller Gegenwert in Metallgeld ruhte in den Kassen des emittierenden kolonialen Schatzamts. In Guadeloupe war es auch möglich, für die Kassenscheine 3 %ige französische Rentenbriefe an Stelle des Metallgeldes zu hinterlegen. Die Bank von Guadeloupe hatte am 3. VI. 1905 auf diese Weise für 1 Million fr. Kassenscheine erworben.

Die Kassenscheine wurden von 1898/1903 durch jetons de nickel ersetzt.

Trotz der Kassenscheine war die Geldverlegenheit in den Antillen Ende der 90er Jahre wohl infolge der Ausfuhr und des gänzlichen Verschwindens der Scheidemünzen so groß, daß bei den täglichen Übertragungen von weniger als $^1/_2$ fr. die Kassenscheine zerschnitten und deren Teilstücke dem Verkäufer in Zahlung gegeben wurden, der dann am Abend den ganzen Schein wieder zusammenstellte, indem er die einzelnen Teilstücke auf ein Stück Papier zusammenklebte.[1]) Einige Bedeutung hatten für die Linderung der Geldnot in der Kolonie auch die récépissés d'espèces, die, ähnlich wie die Kassenscheine, eine Einzahlung von Geldmünzen, aber nicht beim kolonialen Schatzamte, sondern bei der Bank voraussetzten. Wichtiger waren die Schecks auf die Kolonie, wie sie sich in Réunion seit 1901 entwickelt haben. Die im Laufe des Geschäftsjahres 1904/5 von der Bank von Réunion ausgestellten Schecks hatten einen Wert von 2,2 Millionen fr. und ließen am 30. VI. 05 einen Saldo von 63 784 fr.

§ 17.

DER NOTENUMLAUF.

Die Schecks auf die Kolonie und die récépissés d'espèces stehen den Noten der Banken gleich als sofort fällige Verbindlichkeiten; sie müssen deshalb mit eingerechnet werden in den Notenumlauf bei Berechnung seines gesetzlichen Maximums. Wenn wir das tun, haben wir festzustellen, daß der Notenumlauf der Bank von Réunion von 1890 bis 1898 entgegen den Statuten das Dreifache des Metallbestandes der Bank überstieg, 1895 sogar um den hohen Betrag von 1,4 Millionen fr.

Dieser hohe Notenumlauf war zum Teil die Folge der oben besprochenen Notenansammlung im kolonialen Schatzamt. Die anderen vier Kolonialbanken haben das gesetzliche Maximum ihres Notenumlaufs nie überschritten. Der Notenumlauf war am größten in Réunion, wo er 1898 fast 10,8 Millionen fr.

[1]) Isaak. Parlam. Bericht 1898.

erreichte gegen ein Maximum von 8,1 Millionen fr. (1895) in Martinique, 8,7 Millionen fr. (1902) in Guadeloupe, 2,5 Millionen fr. (1904) in Guyane und 1,1 Millionen fr. (1891) in Sénégal.

§ 18.

DIE DEPOSITEN.

Neben dem Notenumlauf war der Kontokorrentverkehr ein Gradmesser für den Kredit, den die Kolonialbanken genossen. Von allen Kolonialbanken wies in der Regel die Bank von Guadeloupe die höchsten Kontokorrentziffern auf, trotzdem die Kontokorrenteinzahlungen bei dieser Bank von 71,8 Millionen fr. 1883/4 vor Ausbruch der Zuckerkrise auf 31,6 Millionen fr. 1903/4 gesunken sind, d. h. auf eine Höhe, die schon nach 4 Geschäftsjahren (1856) von der Bank fast erreicht worden war.

Die Bank von Sénégal hat dem lokalen Handel erst 1867 Kontokorrente eröffnet, was vielleicht ein Beweis dafür ist, daß auch dort erst die Banknoten den Boden für den Depositenverkehr vorbereiten mußten. Daß gerade in der kritischen Periode 1892/3 die Kontokorrenteinzahlungen bei der Bank von Réunion relativ hoch waren (27,4 Millionen fr.) zeigt, daß das Vertrauen in die Bank nicht erschüttert war. Die Abnahme der Kontokorrenteinzahlungen bei der Bank von Martinique[1]) sind der dortigen Geldknappheit zuzuschreiben; es zeigte sich hierbei, daß durch die Depositen im Gegensatze zu den Noten dem Verkehr Umlaufsmittel entzogen werden, oder anders ausgedrückt: daß bei steigendem Geldbedarfe der Notenumlauf zunimmt, die récépissés d'espèces aber abnehmen, und zwar aus dem Grunde, weil Noten auch über den Betrag ihrer metallischen Deckung, récépissés nur im Betrage ihres metallischen Gegenwertes in den Verkehr kommen können.

---

[1]) Sie betrugen 1882/3: 71,4 Millionen fr.,
1892/3: 31,4 Millionen fr.,
1902/3: 17,2 Millionen fr.

4. Kapitel.

ERGEBNISSE DER KOLONIALBANKTÄTIGKEIT.

Wir sind hier am Schlusse unserer Erörterungen über die Entwicklung der 5 alten Kolonialbanken und ihrer Geschäfte. Es gilt nun das Fazit zu ziehen aus ihrer Banktätigkeit. Wir fragen: „Welches waren ihre Wirkungen auf die Kolonien?“ und dann: „Welches war das Ergebnis für die Aktionäre der Bank selbst?“

§ 19.

DAS ERGEBNIS FÜR DIE KOLONIEN.

Kapitalmangel und vorherrschender Außenhandel, dazu eine passive Handelsbilanz, waren die Hauptursachen des starken Kreditbedürfnisses der Kolonien gewesen; sie hatten seinerzeit zur Gründung der Kolonialbanken geführt. Was ist in dieser Beziehung erreicht worden?

Die passive Handelsbilanz der Kolonien ist nicht beseitigt worden. Das hing zusammen mit der monoculture und dem absentéisme der Kolonien. Die ganze Tätigkeit der Kolonien beschränkte und beschränkt sich bis heute auf die Produktion fast nur eines Produktes (monoculture), und zwar eines für den Export bestimmten Produktes, sodaß Manufakturwaren und Lebensmittel nach wie vor eingeführt werden müssen. Eine Kapitalbildung war unter solchen Umständen in der Kolonie eine Unmöglichkeit. Die Kolonialbanken haben die Umwandlung der kleinen Zuckerraffinerien in große Fabriken gefördert und dadurch die Zuckerproduktion gesteigert;[1]) sie haben durch ihre Erntedarlehen versucht, auch Kaffee, Vanille und andere Kulturen zu unterstützen; aber ihr Ziel, die Verbesserung der Zahlungsbilanz, haben sie nicht erreicht. Die passive Handelsbilanz war in guten Jahren nur die Folge einer falschen Bilanzaufstellung, da der Export der Kolonie zu seinem Preise am Verladungsorte berechnet wurde, der Verkaufspreis am Ankunftsorte aber jenen mindestens um die Kosten der Versendung und Versicherung überstieg. Aber jeden Gewinn,

[1]) Denizet a. a. O. S. 165.

den der Pflanzer erzielte, pflegte dieser nicht in der Kolonie auszugeben oder anzulegen; er liebte es vielmehr, nach Frankreich zu reisen und dort sein Geld zu verschwenden (absentéisme). Im besten Falle kehrte der Reingewinn des Pflanzers nicht in Form einer Geldkapitaleinfuhr, sondern in Form einer Wareneinfuhr in die Kolonie zurück. Der Geldumlauf der Kolonien hatte deshalb die Tendenz stationär zu bleiben.[1])

Der absentéisme — das ist also die Sucht des Kreolen, das eben Erworbene nicht produktiv anzulegen, sondern sofort beispielsweise in Paris auszugeben, um dann mit leeren Händen in die Kolonie heimzukehren — dieser absentéisme ist von den Kolonialbanken nicht ausgerottet, ja kaum merkbar gemindert worden. Erfolg versprach hier die Einwanderung von Europäern, bei denen der Spartrieb noch stark entwickelt war. Leider dachten aber die wenigsten Kolonisten daran, dauernd in der Kolonie zu bleiben; ihre Ersparnisse kamen also ihrem Heimatlande zugute, nicht der Kolonie, deren Naturschätzen sie ihren Wohlstand und Reichtum verdankten (übrigens eine Erscheinung, unter der auch die von den Europäern kolonisierten südamerikanischen Republiken leiden). Es galt also den Spartrieb der Einheimischen (Kreolen) anzuregen, etwa durch verzinsliche Depositen. Die Bank von Guadeloupe machte 1864 in dieser Beziehung einen interessanten Versuch mit einer Sparkasse für Arbeiter, indem sie jedem Deponenten von mindestens 10 fr. einen Kontokorrentzins von 4 % versprach. Der Plan kam bedauerlicherweise nicht zur Ausführung, da die Überwachungskommission den Banken die Annahme verzinslicher Depositen als den Statuten zuwider verbieten mußte.[2])

Diesen Mißerfolgen der Kolonialbanken stehen aber auch positive Leistungen gegenüber.

Der pacte colonial[3]) hatte auch nach seiner Aufhebung im Jahre 1861 die Wirkung, daß fast der ganze Export der Kolonien nach Frankreich ging und nicht ins Ausland, von dem aber doch

---

[1]) Isaak, Parlam. Bericht 1898.

[2]) Denizet, a. a. O. S. 94.

[3]) S. S. 4.

$^1/_3$—$^2/_3$ ihrer Einfuhr stammten; aber dank den Kolonialbanken hat er seine verderblichen Folgen verloren, seitdem der fremde Import nicht nur durch Bargeldsendungen sondern auch durch Anweisungen auf das Diskontkontor bezahlt werden kann.

Der Handel in den Kolonien hatte seit Gründung der Kolonialbanken die Möglichkeit, durch Präsentation der Banknoten sich jederzeit die nötigen Geldmittel zu seinen auswärtigen Zahlungen zu verschaffen, ausgenommen in Zeiten, wo die Banknoten nur in Kassenscheinen eingelöst wurden. War so der Geldverkehr und Zahlungsverkehr auch nicht völlig sicher gestellt, so wurden doch die Geldkrisen in den Kolonien dank der Vermittlertätigkeit der Kolonialbanken wesentlich gemildert. Ob mehr erreichbar war bei den beschränkten Mitteln der Banken, ist zweifelhaft. Auf jeden Fall haben die Banken den Zahlungsverkehr der Kolonien sehr vereinfacht und verbilligt.

Ihr Hauptverdienst besteht aber darin, daß sie die Landwirtschaft in den Zuckerkolonien sozusagen gerettet haben und dem darniederliegenden Handel wieder aufgeholfen haben. Ohne die Kolonialbanken können die Kolonien nicht mehr existieren; insbesondere haben sich, wie schon oben erwähnt, die Erntedarlehen so eingebürgert, daß ihre Beseitigung die ganze koloniale Zuckerindustrie in Frage stellen würde. Und nur durch Organisation des Agrarkredits in der Form der Erntedarlehen war es der kolonialen Landwirtschaft möglich gewesen, sich von den Folgen der Sklavenbefreiung ziemlich schnell wieder zu erholen. Die Hypothekenschuld in Guadeloupe, die 1848 nach den Grundbüchern 94 Millionen fr. = $^1/_2$—$^2/_3$ des Wertes des Bodens betrug, war infolge der Bemühungen der Kolonialbanken schon 1861 auf $37^1/_2$ Millionen fr. gesunken. Das ist eine ganz gegewaltige Abnahme, selbst wenn die Zahl von 94 Millionen fr. etwas zu hoch begriffen sein sollte.[1]) Ferner haben die Kolonialbanken die seit der Sklavenbefreiung beginnende Entwertung des Bodens aufgehalten und ins Gegenteil verkehrt, indem sie

---

[1]) Isaak, Parlam. Bericht 1898.

den Pflanzern durch Gewährung von Darlehen den Mut gaben, wieder Kapitalien in den Grund und Boden zu stecken.

Das Kreditbedürfnis der Kolonien ist in dem ausreichendsten Maße befriedigt worden; die Banken haben in dieser Beziehung eher zu viel als zu wenig getan. Schon 1863 und dann später zu wiederholten Malen hat die Überwachungskommission die Kolonialbanken vor Übertreibungen in ihrer Kreditgewährung warnen müssen.

Die Herabsetzung und Regulierung des Diskontsatzes ist ein unstreitiges Verdienst der Kolonialbanken, wie umgekehrt auch eine Ursache ihrer Erfolge. Klar ist auch, daß der hohe Leihzins von 18 %, der vor 1851 in den Kolonien gang und gäbe war und seit dem Erscheinen der Kolonialbanken auf etwa 6% im Durchschnitt gesunken ist, mit dem Verschwinden der Banken wiederkehren würde, besonders da, wo, wie in Guadeloupe, die Kolonialbank das einzige Kreditinstitut der Kolonie ist.

Die Ausschaltung aller Zwischenhände im Wechsel-, Lombard- und Diskontgeschäft, sowie allerjüngst in Guyane beim Ankauf von Rohgold[1]) ist den Kolonialbanken zu verdanken. Die Banken vertraten bei den Wechselgeschäften — mochten sie durch Waren- oder Erntedarlehensgeschäfte hervorgerufen sein — das Interesse des kolonialen Produzenten oder Kaufmanns gegenüber den französischen oder fremdländischen Kaufleuten.[2]) Daß die Kolonien selbst die Kolonialbanken nicht entbehren zu können glauben, zeigt der mehrfach[3]) erwähnte Beschluß des Generalrats von Réunion, der dortigen Bank mit einem Darlehen von 1,5 Millionen fr. aus der Not zu helfen, das infolge der Rückzahlungs- und Zinsbedingungen fast einer Subvention gleichkam. Dieser Beschluß erklärt sich nicht nur aus der Bedeutung der Banknoten für den Geldverkehr der Kolonie; er wird erst recht verständlich, wenn man erwägt, daß die Kolonie ihre Haupteinnahmen aus den Ausfuhrzöllen auf Zucker, Gold und Arachiden bezogen, und daß eine Einstellung

[1]) S. S. 77.
[2]) S. S. 84.
[3]) S. S. 30 und S. 72.

der Banktätigkeit alle diese Produktionszweige und damit das Budget der Kolonie aufs unmittelbarste und empfindlichste getroffen hätte.

Die Kolonialbanken haben — wie wir nach dem Gesagten feststellen können — trotz ihrer Mängel allen billigen Erwartungen entsprochen.

§ 20.

DAS ERGEBNIS FÜR BANKEN UND IHRE AKTIONÄRE.

Das Ergebnis für die Bank selbst war nicht so günstig. Freilich, wenn man den Durchschnitt aller von 1853 bis 1905 gezahlten Dividenden nimmt, so haben die Entschädigungsberechtigten, welche über Nacht und ungefragt Aktionäre von Kolonialbanken geworden waren, kein Recht gehabt, sich über den Zahlungsmodus für ihre Entschädigung zu beklagen. Statt der 3 %, die ihnen ihre Rentenbriefe seit 1863 nur einbrachten, haben sie jährlich und durchschnittlich:

	I.	II.	III.	IV.
von	**1853—1870**	**1870—1883**	**1883—1905**	**1853—1905**
in Martinique	8,69 %	15,34 %	8,25 %	10,15 %
„ Guadeloupe	7,15 %	13,82 %	9,7 %	9,88 %
„ Réunion	8,5 %	14,67 %	4,62 %	8,4 %
	1855—1870			**1855—1905**
„ Guyane	11,47 %	15,15 %	19,76 %	16,07 %
				1855—1901
„ Sénégal	5,92 %	7,63 %	10,4 %	8,19 %

Dividende erzielt. Zieht man von den Zahlen in der letzten Rubrik (IV) etwa 4,5 % ab (= dem Zinsgewinn der Banken aus den Rentenbriefen ihres Kapitals und ihrer Reserven), so ergibt sich für die 5 Kolonialbanken für die Zeit seit ihrem Bestehen ein Jahresdurchschnitt von 5,65 %, 5,38 %, 3,9 %, 11,57 % und 3,69 % Dividende. Das ist ein Reingewinn, der mit Rücksicht auf das enorme Risiko der Kolonialbanken nicht befriedigen kann. Eine Ausnahme macht allerdings die Bank von Guyane, bei welcher allein auch der Durchschnittsertrag der Aktie in fortdauerndem Steigen begriffen ist. (S. obige Tabelle Rubrik I bis III.)

Wir sprachen eben von dem großen Risiko der Kolonialbanken. Die Risikofrage wird noch am Schlusse dieser Arbeit erörtert werden. Hier sei nur bemerkt, daß das Risiko der Kolonialbanken zum Teil daher stammte, daß sie kühner waren in ihren Geschäften als etwa ein so altes und so fest gegründetes Institut wie die Bank von Frankreich — eine Eigenschaft, welche die Kolonialbanken mit allen Kreditinstituten gemein haben, welche neue, noch unbekannte Bahnen einschlagen müssen.

Das Kapital der Banken von Martinique, Guadeloupe und Réunion ist jetzt wieder intakt; es war aber oft auf weniger als $^{2}/_{3}$ seines Nominalbetrages reduziert und die Reserven ganz aufgezehrt. Verluste von über 1 Millionen fr. in einem Jahre waren gar nicht so selten. Ruinös wirkte vor allem der hohe Wechselkurs, indem er die Schuld der Kolonialbanken an das Diskontkontor erhöhte. Diese Schuld betrug

bei der Bank von Martinique im Maximum 7,7 Mill. fr. (30. VI. 1891), gegen eine Forderung von 1,5 Mill. fr., welche die Bank noch 1889 an das Kontor hatte,

bei der Bank von Guadeloupe im Maximum 6,4 Mill. fr. (30. VI. 1895); noch 1889 hatte die Bank an das Kontor eine Forderung von 6,5 Mill. fr.,

bei der Bank von Réunion im Maximum 8,3 Mill. fr. (30. VI. 1883), während ihr Konto beim Kontor 1880 mit 2,1 Mill. fr. zu ihren Gunsten schloß,

bei der Bank von Guyane im Maximum 897 707 fr. (30. VI. 1889); 1903 hatte sich dieser solde débiteur in einen solde créditeur von 667 568 fr. verwandelt,

bei der Bank von Sénégal im Maximum 1,3 Mill. fr. (30. VI. 1897); schon 1901 hatte die Bank wieder einen solde créditeur von 806 529 fr.

Man beachte hierbei den jähen Wechsel! Daß eine hohe Schuld an das Diskontkontor für die Kolonialbanken infolge des 7 %igen Kontokorrentzinses eine große Last war, ist ohne weiteres klar.

Die Sicherung des Geldumlaufs in den Kolonien war den Banken nur möglich durch ständige Geldeinfuhr (so ließ sich die Bank von Guadeloupe jährlich für 1,5 Millionen fr. Geld aus Frankreich, die Bank von Sénégal bisweilen sogar für 2 Millionen fr.)[1]) oder aber unter Gefährdung der Einlösbarkeit ihrer Noten, also unter Gefährdung ihres Bankkredits. Die Verluste und schlechten Dividenden der Kolonialbanken waren also nicht immer von diesen selbst verschuldet durch unkaufmännische Geschäftsführung oder statutenwidrige Handlungen. Obendrein war nicht jeder Statutenverstoß ein Fehler; die Bank wurde oft durch die Macht der Verhältnisse gezwungen, auch in ihrem eigenen Interesse den Statuten zuwider zu handeln, z. B. wenn sie einem Schuldner die Verfallzeit verlängerte, um seinen Konkurs zu vermeiden, oder wenn sie ihm durch ein neues Darlehen unter die Arme griff, um ihm Gelegenheit zu geben, sich wieder empor zu arbeiten, oder wenn sie im Interesse der Kolonie mit der Ausgabe von Anweisungen auf das Kontor fortfuhr trotz der ihr hierdurch erwachsenden Lasten und trotz der Verluste am Wechselkurse. Die Bank von Guadeloupe hat z. B. von 1898—1900 jährlich einen Teil ihres Geschäftsgewinns dazu verwandt, den Wechselkurs von 28% auf 13% herabzudrücken, denn ein Sinken des Wechselkurses lag in ihrem eigenen Interesse. Kurzum, Risiko und Verluste der Kolonialbanken waren oft nur die natürliche, ja notwendige Kehrseite der von ihnen den Kolonien geleisteten Dienste.

Wir bestreiten nicht, daß eine bessere Bankleitung trotzdem manche schwere Verluste der Kolonialbanken vermieden hätte. Das ändert aber nichts an der Tatsache, daß die Banken, um den Kolonien zu dienen, große Opfer gebracht haben und bringen mußten.

Vielleicht hätten die fünf Kolonialbanken mit einer anderen Bankorganisation mehr Erfolge erzielen können. Eine Kolonialbank, deren Sitz in Frankreich ist, hätte in Zeiten hoher Wechselkurse den einheimischen Kredit in Anspruch nehmen können und dadurch Verluste am Wechselkurse vermieden. Eine Vereinigung mehrerer Kolonialbanken, z. B. der Banken von Martinique, Guadeloupe und Guyane, zu einer einzigen Bank hätte

[1]) Bericht der Ü. Ko. 1892/93.

das Gesamtergebnis gehoben und es ermöglicht, den jähen Wechsel der Konjunkturen besser zu überwinden. Vielleicht wäre es auch von Vorteil gewesen, den Direktor der Banken nicht von der französischen Regierung, sondern in erster Linie von den am Wohl der Bank selbst interessierten Aktionären abhängig zu machen.

Alle diese Vorschläge und Änderungen sind verwirklicht und praktisch erprobt worden von den Kolonialbanken der zweiten Gruppe, die nunmehr zu besprechen sein werden.

ZWEITES BUCH.

DIE BANKEN VON NEUKALEDONIEN, INDOCHINA UND WESTAFRIKA.

Erster Abschnitt.

§ 21.

DIE BANK VON NEUKALEDONIEN.

Zur zweiten Gruppe der Kolonialbanken gehören die Banken von Neukaledonien, von Indochina und von Westafrika.

In der im Juli 1874 gegründeten Bank von Neukaledonien trat der neue Typus zum ersten Male in Erscheinung. Aber erst die ein Jahr später errichtete Bank von Indochina hat den neuen Typus zu Ehren gebracht. Denn die Bank von Neukaledonien nahm ein baldiges Ende.

1872 gründeten französische Kapitalisten auf der Insel Neukaledonien eine Gesellschaft zur wirtschaftlichen Erschließung dieser französischen Kolonie und zur Erleichterung des Handels mit Australien und Europa.[1]) Diese Gesellschaft erhielt von der französischen Regierung Landkonzessionen sowie Befreiung von der Stempelpflicht für die Noten au porteur et à vue, die sie in der Kolonie ausgeben würde. Die Regierung wollte eine Kontrolle über die Gesellschaft haben und schloß deshalb 1874 mit ihr einen Vertrag, wonach die Gesellschaft das Notenvorrecht und das Recht zu Erntedarlehen unter den für die fünf alten Kolonialbanken geltenden Bedingungen erhielt. Dafür unterwarf sich die Gesellschaft bestimmten nur durch Dekret abänderlichen Statuten. In Ausführung des Art. 1 dieser Statuten teilte sich die Gesellschaft von Neukaledonien in eine Bank von Neu-

[1]) Renaud a. a. O. S. 189/93.

kaledonien und in eine kaledonische Bodenkreditgesellschaft, auf welch letztere die 25 000 ha Landkonzessionen der ursprünglichen Gesellschaft von Neukaledonien übergingen. Die Bank von Neukaledonien behielt nur noch das Recht, bis zu dem Betrage von 1 Million fr. Aktien der neuen Bodenkreditgesellschaft zu zeichnen.[1])

Die Bank erhielt ihr Notenprivileg auf 20 Jahre,[2]) ihren Sitz hatte sie in Paris, ihre Hauptniederlassung in Nouméa auf Neukaledonien. Sie war eine Aktiengesellschaft mit einem Kapital von 4 Millionen fr., außerdem gab es noch 1600 sogenannte actions de jouissance à 500 fr., die aber erst dann etwas erhalten sollten, wenn an die Aktionäre 6 % des eingezahlten Kapitals verteilt und der Reserve ½ % des eingezahlten Grundkapitals zugeschrieben war. Der Bank waren alle Geschäfte erlaubt, welche die fünf alten Kolonialbanken nach Gesetz von 1874 treiben durften. Doch konnte sie nicht nur Gegenstände von Gold und Silber, sondern auch solche von Kupfer und Nickel kaufen, verkaufen, beleihen und als Dépôt annehmen.[3]) Da die Bank ihren Sitz in Frankreich hatte, durfte sie auch dort Geschäfte machen; in Betracht kam der Handel mit Anweisungen, Schecks und Tratten auf Australien, England oder Neukaledonien, die Diskont- und Inkassogeschäfte und die Aushändigung von Kreditbriefen gegen Deckung. Es war der Bank auch erlaubt, ihr in Paris verfügbares Kapital in erstklassigen französischen Wertpapieren oder in Wechseln auf Paris mit zwei Unterschriften und höchstens 90 Tagen Verfallzeit anzulegen. Doch sollten ihre Geschäfte in Paris höchstens ¼ ihres Kapitals in Anspruch nehmen.

Die Verwaltung der Bank lag einem von den Aktionären gewählten Verwaltungsrat ob, der die ausgedehntesten Befugnisse hatte und sogar den Direktor der Bank ernannte.[4]) Der Direktor war hier im Gegensatz zu den fünf alten Kolonialbanken Beauftragter und Geschäftsführer des Verwaltungsrates. Es gab

---

[1]) Statuten 1874 Art. 6.
[2]) Dekret 1874 Art. 3.
[3]) Statuten Art. 20.
[4]) Statuten Art. 72.

keine Zensoren und keine Überwachungskommission für die Bank, sondern nur zwei Regierungskommissare (in Paris und in Nouméa).

Das Kapital der Bank war 1874 zur Hälfte eingezahlt. Bei einem Betriebskapital von 2 Millionen fr. gab die Bank im ersten Semester 1875 (1. I. — 30. VI.) für 1,4 Millionen fr. Noten aus, die in der Kolonie gut aufgenommen wurden; sie diskontierte zu 12 % und ihr Portefeuille stieg von 1 088 793 fr. am 30. VI. 74 auf 2 655 752 fr. am 30. VI. 75. Ihre Wechselgeschäfte erreichten im ersten Semester 1875 die Höhe von 4 Millionen fr. Die Aussichten waren durchaus günstig. Allein infolge unvorsichtiger und übertriebener Vorschüsse an die Viehzüchter sah die Bank sich genötigt, am 16. Oktober 1877 ihre Zahlungen einzustellen. Am 27. November wurde der Konkurs über sie eröffnet und am 27. Februar 1878 der Einspruch des Verwaltungsrates gegen den Konkurseröffnungsbeschluß in der Berufungsinstanz abgewiesen.

Die Hoffnung, daß die Bank bald nach Überwindung augenblicklicher Schwierigkeiten ihre Zahlungen wieder aufnehmen würde, war damit zunichte geworden.

Da die Noten der Bank ihre gesetzliche Zahlungskraft durch die Liquidation der Bank verloren, mußte man zur Sicherung des Geldverkehrs für 1,5 Millionen fr. Kassenscheine in Beträgen von 5—100 fr. ausgeben und sie mit Zwangskurs versehen.

Eine Entscheidung des Staatsrats belehrte die noch Zweifelnden, daß der Staat durch Verleihung des Notenprivilegs keinerlei Verantwortung für die Zurückzahlung der Banknoten übernommen habe.

Der eigentliche Grund für den Mißerfolg der Bank von Neukaledonien lag mehr außerhalb der Bank und ihrer Tätigkeit. Neukaledonien war damals noch nicht entwickelt genug für eine Bank von der Größe der Bank von Neukaledonien. Ihr Erbe trat später die Bank von Indochina an, welche 1888 in Nouméa eine Filiale errichtete. Die Bank von Indochina hat den überzeugenden Nachweis erbracht, daß an dem Untergange der Bank von Neukaledonien ihre Bankorganisation nicht schuld war.

Zweiter Abschnitt.

DIE BANK VON INDOCHINA.

1. Kapitel.

§ 22.

GRÜNDUNG DER BANK; IHR ENTWICKLUNGSGANG.

Auch die Bank von Indochina ist wie ihr Vorbild, die Bank von Neukaledonien, keine Schöpfung des Staates, sondern eine Privatgesellschaft, die der Staat zu einer privilegierten Bank erhob. Sie wurde durch Dekret vom 21. Januar 1875 errichtet auf zunächst 20 Jahre mit dem Sitze in Paris und 2 Filialen in Saigon (Cochinchina) und Pondichéry (Franz. Indien), 1885 kam die Filiale Haiphong in Tonking hinzu. Durch Dekret vom 20. Februar 1888 wurde das Bankprivileg auf weitere 10 Jahre verlängert, vom 21. Januar 1895 ab gerechnet, und der Bank die Verpflichtung auferlegt, zu den drei schon bestehenden eine vierte Filiale, und zwar in Nouméa, zu gründen und außerdem Filialen und Geschäftsstellen überall da im fernen Osten zu errichten, wo der Kolonialminister es verlangen würde. Gleichzeitig wurde das Kapital der Bank, das ursprünglich 8 Millionen fr. = 16000 Aktien à 500 fr. betrug, auf 12 Millionen fr. erhöht und die neuen Aktien den alten Aktionären zum Kurse von 575 fr. pro Aktie abgegeben. 1900 erhielt die Bank das Notenprivileg auf weitere 15 Jahre, also bis zum 21. Januar 1920 verliehen. Ihr Kapital wurde auf 24 Millionen fr. erhöht und die neuen Aktien zum Kurse von 675 fr. angeboten. Schon 1906 mußte das Kapital wiederum vermehrt werden: es stieg dadurch auf 36 Millionen fr. Die 24000 neuen Aktien konnten zum Kurse von 1000 fr. pro Aktie ausgegeben werden. Die rasch aufeinander folgenden Kapitalerhöhungen waren deshalb nötig geworden, weil die Bank immer nur $^1/_4$ des Nominalwerts der Aktien von den Aktionären eingefordert hatte. Die Aktien blieben deshalb Namenaktien, da sie bis auf heute noch nicht vollbezahlt sind. Aber die Bank hatte durch den von ihr geübten modus der Kapitalerhöhung den Vorteil, ihren Reserven im ganzen 16,8 Millionen fr. Agiogewinn aus dem Verkaufe der neuen Aktien zuwenden zu können.

Ein Dekret vom 24. II. 1904 ordnete die Errichtung einer Filiale auf Tahiti an. Somit besteht jetzt die Bank von Indochina aus 5 Filialen und aus den 10 nachfolgenden Geschäftsstellen: Hanoi und Tourane in Tonkiug, Pnom-Pengh in Cochinchina, Shanghai, Hongkong, Canton, Hankéou in China, Bangkok und Battambang in Siam, sowie Singapore. Wenn man den Sitz der Bank in Paris einrechnet, hat die Bank von Indochina gegenwärtig 16 Niederlassungen.

Maßgebend für die Bankverfassung ist nur das Dekret von 1900, da es die Bestimmungen der früheren Dekrete aufhebt und ersetzt.

---

2. Kapitel.

§ 23.

GEMEINSAMES MIT DEN ALTEN KOLONIALBANKEN.

Die Bank von Indochina hat manches gemein mit den fünf alten Kolonialbanken: Erst eine Verordnung der öffentlichen Gewalt hat sie zu dem gemacht, was sie ist, ein privilegiertes Privatbankinstitut. Die Privelegien wurden der Bank aber nur unter der Bedingung übertragen, daß sie sich richtete nach bestimmten, durch Dekret gegebenen und nur durch Dekret veränderlichen Statuten.

Wir sehen also auch hier wie bei den alten Kolonialbanken eine Einwirkung der Staatsgewalt auf die innere Verfassung eines Privatbankinstituts. Die Abhängigkeit der Bank vom Staate zeigt sich vor allem noch in 4 Punkten: Filialen und Geschäftsstellen können nur durch Dekret errichtet und wieder beseitigt werden.[1]) Auch für ihre Geschäftstätigkeit gilt das oben S. 25/26 kennen gelernte einschränkende Prinzip, daß die Bank nur die ihr durch

---

[1]) Dekret 1900 Art. 4.

die Statuten erlaubten Geschäfte treiben darf.[1]) Ferner kann keine Dividendenverteilung erfolgen ohne Zustimmung des Kolonialministers.[2]) Und schließlich übt die Überwachungskommission der Kolonialbanken auch in bezug auf die Bank von Indochina alle ihr nach dem Kolonialbankgesetz von 1901 bezw. 1874 zustehenden Rechte und Befugnisse aus.[3])

Die Aufgabe der Bank von Indochina war wie diejenige der alten Kolonialbanken: die Vermittlung zwischen Kapital und Arbeit in der Kolonie, eine ausreichende, auch den kleinen Mann berücksichtigende Gewährung produktiven Kredits, ferner die Sicherung des Geldumlaufs in den Kolonien sowie die Regelung und Erleichterung ihres auswärtigen Zahlungsverkehres. Wie in den Zuckerkolonien, so zeigten sich auch in Indochina zwei Schwierigkeiten, deren Lösung eine Lebensfrage für die Kolonie wie für die Kolonialbank war, nämlich die monoculture und der Wechselkurs.

Erwähnen wir noch, daß auch die Bank von Indochina das ausschließliche Notenausgaberecht in ihrer Kolonie hat und alle sonstigen Rechte und Vorrechte besitzt, die das Gesetz von 1874 zugunsten der fünf alten Kolonialbanken enthält,[4]) daß sie vor allem also auch die so charakteristischen prêts sur récolte gewähren und Effekten mit nur 2 Unterschriften diskontieren darf, wobei eine Unterschrift ebenfalls wie bei den fünf Kolonialbanken noch ersetzt werden kann durch gewisse Pfänder.

Damit ist wohl die nahe Verwandtschaft der beiden Gruppen von Kolonialbanken hinlänglich erwiesen. Es scheint viel eher der Rechtfertigung zu bedürfen, weshalb wir beide Gruppen getrennt betrachten. Wir rechtfertigen dies einerseits durch die Feststellung, daß die Bank von Indochina eine Kolonialbank großen Stils ist, während die fünf alten Kolonialbanken, trotzdem die Kolonien sie nicht entbehren können, doch nur kleine Kreditinstitute von relativ geringer Bedeutung waren und geblieben

[1]) Statuten 1900 Art. 14.
[2]) Statuten Art. 36.
[3]) Dekret 1900 Art. 14.
[4]) Dekret 1875 Art. 1.

sind. Sodann aber ist zu beachten, daß wir bislang nur das beiden Kolonialbankgruppen Gemeinsame erwähnt haben, nicht das sie Trennende. Das Letzte hat jetzt aber zu geschehen.

---

3. Kapitel.
BESONDERHEITEN DER BANK VON INDOCHINA.

Die ersten Statuten der Bank von Indochina vom Jahre 1875 wichen schon stark ab von den 1874 revidierten Statuten der fünf alten Kolonialbanken. Aber diese Abweichungen erlangten erst Bedeutung durch die so ganz anders verlaufene Entwickelung der Bank von Indochina. Diese war Schuld daran, daß die Abweichungen sich mit jeder Statutenänderung vermehrten und daß die Kluft immer größer wurde.

§ 24.
BESONDERHEITEN IN DER BANKVERFASSUNG.

Die Bank von Indochina war zwar mit einem Kapital von nominell 8 Millionen fr. gegründet. Da aber nur $^1/_4$ davon eingezahlt wurde, war ihr tatsächliches Grundkapital um $^1/_3$ kleiner als dasjenige der Banken in den Zuckerkolonien. Aber schon 1888 bei der ersten Kapitalerhöhung der Bank von Indochina zeigte es sich, wie grundverschieden Lage und Entwicklungsmöglichkeiten der alten Kolonialbanken und ihrer jungen Schwester waren. Die Bank von Indochina erzielte bei der Ausgabe von 8000 neuen Aktien einen Agiogewinn von 75 fr. pro Aktie, indem sie sich auf jede neue Aktie $^1/_4$ ihres Nominalwerts = 125 fr. + 75 fr. Kursagio = 200 fr. in bar einzahlen ließ. Man vergleiche damit die Schwierigkeiten, unter denen sich die durch Dekret vom 15. XII. 1884 genehmigte Kapitalerhöhung der Bank von Réunion von 3 auf 4 Millionen fr. vollzog. Lange Zeit erwartete man die Bareinzahlungen auf die 2000 neuen Aktien vergebens. Schließlich half man sich durch ein Arbitragegeschäft. Die das Kapital der Bank repräsentierenden Rentenbriefe wurden verkauft und der Kaufpreis in französischen Staatsobligationen angelegt. Hierdurch wurde reichlicher Gewinn erzielt,[1]) der zum Teil zu den nötigen Einzahlungen auf die neuen Aktien verwendet wurde.[2])

Die Bank von Indochina hat auch bei jeder weiteren Kapitalerhöhung einen steigenden Agiogewinn erzielt und sich so mühelos eine Ersatzreserve von 16,8 Millionen fr. erworben. Auch sonst waren die Zuwendungen an die Reserven sehr stark, freilich mehr auf Initiative der Bankleitung hin, als auf Grund statutarischer Bestimmungen.

Von dem Gewinn wird halbjährlich nur $^1/_2$ % des eingezahlten Kapitals dem ordentlichen Reservefonds zugewendet und dann eine erste Dividende von 6 % an die Aktionäre verteilt. Von dem etwa verbleibenden Restgewinn werden 80 % als zweite Dividende verteilt, 10 % dem Verwaltungsrate zugewendet und 10 % einem besonderen ebenfalls statutarischen fonds de prévoyance zugewiesen. Dieser hat schon 1893 die ordentliche Reserve überstiegen und war 1906 fast doppelt so hoch als jene (1,7 Millionen fr. gegen 0,9 Millionen fr.).

Die Hauptsache aber sind die starken außerstatutarischen Reserven, welche die Bank gebildet hat, z. B. die Immobilienreserve = 1,5 Millionen fr. (1906), die Reserve für neue Filialen und Geschäftsstellen ebenfalls 1,5 Millionen fr. (1906), die Mobilienreserve 344 239 fr. (1906) und die mehrfach bereits erwähnte Ersatzreserve von 16,8 Millionen fr. (1906). Insgesamt besitzt die Bank von Indochina jetzt ca. 24 Millionen fr. Reserven.

Die Aktien der Bank, welche, solange sie nicht vollbezahlt sind, Namenaktien sind, werden übertragen durch Abtretungsurkunde, deren Form der Verwaltungsrat festsetzt.

Jede Aktie gibt Anspruch auf einen entsprechenden Teil am Aktivvermögen der Bank im Falle ihrer Liquidation. Diese ist wie bei den alten Kolonialbanken geregelt: sie kann statt-

[1]) Isaak: Parl. Bericht 1898.

[2]) 1875 mußte die Bank jedoch auf ministerielle Verfügung hin diese Staatsobligationen wieder verkaufen und dafür Rentenbriefe ankaufen. Diese Operation war mit großen Verlusten für die Bank verbunden; sie ist wohl auch ein Grund gewesen für die 1899 vorgenommene Kapitalverminderung von 4 auf 3 Millionen fr.

finden, wenn die einfache Mehrheit der auf der Generalversammlung anwesenden Aktionäre und $^2/_3$ Mehrheit des durch sie vertretenen Kapitals dafür stimmen. Sie muß erfolgen, wenn $^2/_3$ des Kapitals verloren sind.[1])

Die Hauptunterschiede zwischen der Bank von Indochina und den alten Kolonialbanken ergeben sich erst aus den Betrachtungen der inneren Bankverfassung.

Wie schon erwähnt, hat die Bank von Indochina ihren Sitz in Paris. Das lag begründet in der Art, wie hier das Kapital der Bank beschafft wurde. Es gab in Indochina keine Sklavenbefreiung und keine Entschädigungsberechtigten wie in den fünf alten Kolonien Frankreichs. Das Kapital der Bank mußte daher aufgebracht werden durch private Zeichnungen. Diese versprachen nur dann einen vollen Erfolg, wenn es gelang, das einheimische Kapital für die neue Bankunternehmung zu interessieren. Das war aber leichter möglich, wenn Paris Sitz der Bank und Ort der Generalversammlung war, weil dann die Hochfinanz ihren Einfluß und ihre Kontrolle ausüben konnte.

Die Bank wurde dadurch, daß Paris ihr Sitz ist, unabhängig von lokalen Einflüssen. Wie wichtig und wertvoll das war, ergab sich deutlich, als die Bank ihre Niederlassungen stark vermehrte. Eine Bank mit dem Sitz in Saigon hätte nie die Bedürfnisse der anderen Filialen objektiv abschätzen und in gerechter Weise befriedigen können.

Der Sitz der Bank in Paris machte das Amt eines Zentralgeschäftsführers nach Art der alten Kolonialbanken unnötig; auch bedurfte es hier keines besonderen Bankinstituts zur Vertretung der Kolonialbank in Europa und Frankreich. Das Kapital der Bank von Indochina war in bar eingezahlt, nicht durch Apports von Rentenbriefen gebildet wie bei den alten Kolonialbanken. Die Bank von Indochina verfügte also von Anfang an über ein Betriebskapital und hatte nicht nötig, sich dieses erst von anderen Kreditinstituten zu leihen. Die alten Kolonialbanken litten stark unter dem hohen Zins, den sie für ihre Schuld an

---

[1]) Statuten 1900 Art. 71.

das Kontor zahlen müssen. Die Bank von Indochina kann, da sie auch in Paris Geschäfte treibt, die einheimischen Kapitalien zu viel billigerem Zins (d. h. zum Landeszinsfuße) erhalten, unter Umständen sogar umsonst, nämlich bei Annahme unverzinslicher Depositen. Als Entgelt besorgt sie den Deponenten das ganze Inkassogeschäft kostenlos.

Hochbedeutsam ist nun vor allem die neue Regelung der Verwaltung und Leitung der Bank.

Die Gesamtheit der Aktionäre der Bank von Indochina wird vertreten durch die Generalversammlung, auf der nur diejenigen 100 Aktionäre Stimmrecht haben, welche Eigner der größten Anzahl Aktien sind.[1]) Außerdem muß seit dem 21. I. 1905 jeder stimmberechtigte Aktionär Franzose sein. 10 Aktien geben das Recht auf 1 Stimme; doch kann niemand mehr als 10 Stimmen besitzen, sowohl eigenen Namens wie in Vertretung anderer Aktionäre.

Diese Regelung ist entschieden plutokratisch, sie paßt aber zum ganzen Banksystem, weil Einfluß und Verantwortlichkeit der Aktionäre hier größer sind als bei den alten Kolonialbanken. Die Stellung des Verwaltungsrates zeigt das deutlich.

Art. 50 der Statuten sagt: Die Bank wird geleitet durch einen Verwaltungsrat, der aus mindestens 8 und höchstens 15 Mitgliedern besteht. Die Verwalter werden sämtlich durch die Generalversammlung aus der Zahl der Aktionäre gewählt; der Verwaltungsrat hat hierbei ein Präsentationsrecht. Jeder Verwalter muß bei Antritt seines Amts nachweisen, daß er Eigner von 40 Aktien ist, die bis zur Höhe der eingeforderten Beträge eingezahlt sein müssen und unveräußerlich sind während der Amtsdauer ihres Eigners. Der Verwaltungsrat wählt sich aus seiner Mitte einen Vorsitzenden, einen stellvertretenden Vorsitzenden und einen Schriftführer. Prinzipiell hat der Verwaltungsrat alle Befugnisse in bezug auf die Bankleitung.[2]) Doch kann er sie ganz oder zum Teil übertragen, was notwendig ist, seitdem die Bank an den verschiedensten Orten der Erde Niederlassungen hat. Für

[1]) Statuten 1900 Art. 39/41.

[2]) Statuten 1900 Art. 54/55.

die einzelnen Filialen, oft auch schon für bedeutende Geschäftsstellen werden vom Verwaltungsrate unter Zustimmung des Kolonialministers besondere Direktoren ernannt. Diese Direktoren führen die Geschäfte unter Aufsicht und nach den Anweisungen des Verwaltungsrates in Paris; sie vertreten die Bank Dritten gegenüber, aber nur in Ausführung der Verwaltungsratsbeschlüsse. Ihr Gehalt wird vom Verwaltungsrat festgesetzt. Für die Direktoren gilt das Verbot eines anderweitigen Gewerbebetriebes und der Ausschluß von den Diskontgeschäften der Bank. Sie müssen beim Amtsantritt Eigner von 20 Aktien sein. Die Direktoren sind meist nicht Mitglieder des Verwaltungsrates. Sind sie es ausnahmsweise doch, so müssen sie natürlich 40, nicht 20 Aktien zu eigen haben.

Sehr weise ist die Bestimmung,[1]) daß bei jeder Filiale ein Diskontausschuß einzusetzen ist, dessen Zusammensetzung und Befugnisse der Verwaltungsrat festsetzt. Die Frage des Diskontsatzes und damit zusammenhängend die des Wechselkurses ist gerade im fernen Osten von eminenter Bedeutung, einerseits wegen der ausgedehnten und entwickelten Handelsbeziehungen, andererseits weil dort die verschiedensten Münzen und Währungen neben einander in Geltung sind.

Wir wiederholen hier die bedeutsame Tatsache, daß bei der Bank von Indochina der Verwaltungsrat der alleinige Träger aller Rechte und Befugnisse ist, und daß die Direktoren vom Verwaltungsrat abhängig sind im schärfsten Gegensatze zu der übermächtigen Stellung, welche die Direktoren bei den alten Kolonialbanken einnehmen.[2]) Es besteht kein Zweifel, daß der Umstand, daß nicht die Regierung, sondern im letzten Grunde die selbst interessierten Aktionäre durch den Verwaltungsrat die Direktiven geben, auf den Erfolg der Bank von Indochina von unmittelbarem, allergünstigstem Einfluß gewesen ist. Eine Staatsaufsicht ward auch bei der Bank von Indochina eingerichtet, erwies sich aber als überflüssig. Sie wurde ausgeübt durch die Überwachungskommission, durch Inspektoren, die aber hier

[1]) Statuten Art. 63.

[2]) Auch der Vorsitzende des Verwaltungsrates ist nur primus inter pares.

nicht obligatorisch waren, und durch Regierungskommissare, welche am Sitze der Bank sowie bei jeder Filiale bestellt sind; bei den Filialen heißen sie Verwaltungszensor.[1]) Der Regierungskommissar ist zu jeder Sitzung des Verwaltungsrates zu laden und hat das Recht, den Kassen- und Wechselbestand sowie die Bankbücher nachzuprüfen. Er sendet monatlich einen Bericht über die Banklage und über seine Tätigkeit direkt an den Kolonialminister, unterbreitet ihn also nicht, wie bei den alten Kolonialbanken, der Generalversammlung.

Nach Erledigung dessen, was über die Bankverfassung zu sagen war, gehen wir jetzt zur Besprechung der Geschäfte über, welche die Bank von Indochina treiben darf.

§ 25.

BESONDERHEITEN IN BEZUG AUF DIE GESCHÄFTE DER BANK.

Die Statuten reden von „Finanzgeschäften, die sich knüpfen an die Länder, in denen die Bank Niederlassungen hat". Damit sind die räumlichen Grenzen der Banktätigkeit sehr weit gesteckt. Auch in der sachlichen Begrenzung des Geschäftskreises war der Gesetzgeber der Bank von Indochina gegenüber liberaler als gegen die alten Kolonialbanken. Wir werden neben neuen Geschäften auch schon bekannte Kolonialbankgeschäfte wiederfinden. Aber diese zeigen oft ein verändertes Bild, eine besondere Entwickelung, die sich leicht erklärt aus dem größeren Milieu, in dem die Bank von Indochina arbeitet.

Bei der Notenausgabe der Bank von Indochina bemerken wir zunächst den rein äußerlichen Unterschied, daß neben den bereits bei den alten Kolonialbanken kennen gelernten Notenbeträgen von 500, 100 und 5 fr. auch solche von 1000 fr. gestattet sind.[2]) Die Noten von 25 fr. sind hier durch solche von 20 fr. ersetzt. Ferner erhielt die Bank das Recht, unter Zustimmung des Kolonialministers in jedem Lande, wo sie Niederlassungen hat, Noten auch in lokalem Gelde auszugeben, also

[1]) Statuten Art. 64/68.

[2]) Dekret 1900 Art. 5.

in Saigon in Piastern, in Pondichéry in Rupien, in Bangkok in Ticals. Doch sollten diese Noten in fremdländischer Währung nur „in Wertbeträgen ausgestellt werden, die der Stückelung von 1000, 500, 100, 20 und 5 fr. entsprächen". Die Bank erklärte aber 1900, daß sie sich dieser Bestimmung nicht unterwerfen könne bei der Notenausgabe in Ländern, die ein anderes als das französische Münzsystem hätten. Die Taels, Piaster, Rupien, Ticals usw. entsprächen in keiner Weise den vom Gesetze vorgesehenen Notenstückelungen. Sie bat daher, im Gesetze die Worte: „in Werten, die der obigen Stückelung entsprechen" zu streichen. Der Wunsch wurde genehmigt. Fortan darf die Bank auch Noten von 5 Taels oder 100 Rupien oder 500 Piastern ausstellen, selbst wenn ihr in französischer Währung ausgedrückter Gegenwert der Stückelung von 1000, 500, 100, 20 und 5 fr. nicht entspricht. Eine zweite Eigentümlichkeit der Bank ist, daß in den französischen Kolonien und Protektoraten nur die Filialen Noten ausgeben dürfen, daß aber in fremden Ländern auch bloße Geschäftsstellen zur Notenausgabe ermächtigt werden können nach Zustimmung des französischen Ministers des Auswärtigen. Die Noten der Bank haben in den französischen Kolonien und Protektoraten gesetzliche Zahlungskraft,[1]) in fremden Ländern sind sie natürlich ein reines Handelsgeld, das in Zahlung genommen werden kann, nicht muß. Das hat die Bank von Indochina zu verschiedenen Malen in unangenehmer Weise erfahren. Ihre Geschäftsstelle in Bangkok hatte Piasternoten ausgegeben, die in Siam mit Vorliebe in Zahlung genommen wurden. Ende 1902 gab die siamesische Regierung anläßlich des Übergangs Siams von der Silberpiasterwährung zur Goldticalwährung Currency notes mit gesetzlichem Kurse aus. Diese Noten, die vollkommen metallisch gedeckt waren, verminderten in kurzer Zeit den Notenumlauf der Geschäftsstelle Bangkok auf $^1/_3$ seiner früheren Höhe. Noch nachteiliger als die Schaffung der Currency-Noten war es für die Bank, daß Siam die freie Prägung der silbernen Ticalstücke einstellte. Die auf Ticals aus-

[1]) Dekret 1900 Art. 9.

gestellten Noten erhielten dadurch ebenso wie ihr metallischer Gegenwert einen erhöhten Kurs gegenüber dem Piaster und den Piasternoten der Bank von Indochina. So wurden ihre Noten in Siam bald völlig verdrängt durch das einheimische Papiergeld. Ähnlich ging es 1904 den Noten der Geschäftsstelle Shanghai, die mehr oder weniger durch Noten der Imperial Bank of Chine und durch japanische Banknoten im Umlaufe ersetzt wurden, obwohl sie nur innerhalb der europäischen Konzessionen in Shanghai zirkuliert hatten.[1]) Der gegenwärtige Notenumlauf der Bank von Indochina beschränkt sich somit fast ganz auf die französischen Kolonien, in denen die Bank eine Niederlassung und damit das Notenmonopol hat.

Die Noten sind auf Sicht zurückzahlbar durch die Filiale oder Geschäftsstelle, welche sie ausgegeben hat und außerdem noch durch alle Filialen und Geschäftsstellen, die durch Vereinbarung zwischen Kolonialminister und Bank als solche bezeichnet werden. Aber gegen eine solche Vereinbarung hat sich die Bank von Indochina bisher noch stets — und zwar mit Erfolg — gesträubt. Da Noten einer Filiale, die auch bei einer anderen Filiale zurückzahlbar sind, zu Rimessen dorthin verwendet werden können, so würden, eine Vereinbarung im obigen Sinne vorausgesetzt, dadurch der die Noten ausgebenden Filiale manche gewinnreiche Wechselgeschäfte entgehen. Denn die Filialen und Geschäftsstellen verkehren lebhaft miteinander, und es ist ein nicht geringer Vorteil des großen Netzes von Niederlassungen der Bank, daß die eine Niederlassung der anderen nötigenfalls mit Rimessen aushelfen kann oder gar mit Bargeld, wobei zwar nicht die Transportkosten, wohl aber die Provision an den Kommissionär erspart wird.

Die metallische Drittelsdeckung der Noten muß natürlich für jede emittierende Filiale oder Geschäftsstelle besonders verlangt und erfüllt werden. Hierbei ist aber der Metallbestand der von der emittierenden Filiale oder Geschäftsstelle abhän-

---

[1]) Vergl. Bericht des Verwaltungsrates der Bank von Indochina über das Jahr 1902 im Economiste français 1903, 1. sem. p. 806.

gigen Geschäftsstelle mit einzurechnen in den Metallvorrat der Emissionsstelle.

Abhängig sind im obigen Sinne die Geschäftsstellen Pnom-Pengh und Battambang von der Filiale Saigon, Canton von Hongkong, Hanoi und Tourane von der Filiale Haiphong und bis 1903 auch Hankéou von Shanghai.

Wie bei den alten Kolonialbanken genügt nicht nur die metallische Drittelsdeckung des Notenumlaufs. Das Gesetz verlangt auch, daß der Notenumlauf und die Kontokorrent- und anderen Schulden der Bank zusammen nie den dreifachen Betrag von Kapital und Reserven übersteigen. Der Geschäftsgebrauch — nicht eine statutarische Bestimmung, wie bei den alten Kolonialbanken — erlaubt es der Bank von Indochina, bei der Berechnung des gesetzlichen Maximums ihrer Schulden neben Kapital und Reserven auch den zur Drittelsdeckung der Noten nicht benötigten Metallvorrat zu berücksichtigen. Wenn man das tut, ergibt sich für den 31. XII. 1904:

eine Bankschuld von 104 162 013 fr., wogegen das gesetzliche Maximum:

113 910 070 fr. betrug. Die Schuld der Bank hielt sich in diesem Falle — wie übrigens immer — innerhalb ihrer gesetzlichen Grenze.

Neben der Notenausgabe beansprucht das Depositengeschäft der Bank von Indochina besondere Aufmerksamkeit. Die Bank kann nämlich im Gegensatze zu den alten Kolonialbanken auch verzinsliche Depositen annehmen;[1]) doch darf die Summe der zinstragenden Depositen das eingezahlte Grundkapital nicht übersteigen und der für die Depositen gewährte Zins höchstens halb so hoch sein, als der Diskontsatz der Bank, nie aber höher als 5 %. Eine Ausnahme hiervon ist nur gestattet, wenn die Depositen aus der Reservekasse der Kolonie stammen.

Alle diese Bestimmungen haben bislang keine praktische Bedeutung erlangt. Denn die Bank von Indochina hat von ihrem Rechte, die empfangenen Depositen zu verzinsen, keinen Ge-

[1]) Statuten 1900, Art. 15.

brauch gemacht. Sie hatte es auch nicht nötig, weil sie auch ohne Zinsvergütung soviel Depositengelder erhielt, als sie brauchen konnte.

Die Bank von Indochina empfängt nicht nur Depositen; sie leiht auch solche im Kontokorrentverkehr aus in Gestalt von Vorschüssen, aber höchstens auf 6 Monate. Dann haben wir es aber mit einem Aktivgeschäft der Bank zu tun.

Unter den Aktivgeschäften der Bank von Indochina nehmen die Diskontgeschäfte die erste Stelle ein. Die Bank kann Solawechsel und Tratten mit zwei Unterschriften, die an ihrem Ausstellungsorte zahlbar sind, diskontieren, wenn ihre Verfallzeit 120 Tage nicht übersteigt; ferner darf sie Tratten, Anweisungen oder Schecks, die direkt oder an Order stehen und gezogen sind auf die Kolonie, das Mutterland oder das Ausland, ausstellen, abgeben, kaufen oder diskontieren.[1]) Wohlgemerkt: im Gegensatze zu den fünf alten Kolonialbanken sind hier auch Distanzwechsel auf die Kolonie, nicht bloß Platzwechsel auf die Kolonie statthaft.

Die Verfallzeit der Tratten und Anweisungen darf, wenn sie bestimmt ist, 120 Tage nicht überschreiten; ist sie unbestimmt, so hat man zu unterscheiden: Nachsichtwechsel, die einem lokalen Geschäfte ihre Entstehung danken, dürfen nicht mehr als 90 Tage Laufzeit haben, alle anderen dagegen bis zu 180 Tagen nach Sicht. Das sind volle 6 Monate Laufzeit, also die Hälfte mehr, als die Maximallaufzeit der Wechsel bei den alten Kolonialbanken beträgt.

Der Ersatz der zweiten Unterschrift auf dem Wechsel durch eine reale Sicherheit ist hier ähnlich wie bei den alten Kolonialbanken geregelt. Neu ist, daß bei der Bank von Indochina die zweite Unterschrift auch noch ersetzt werden kann:

a) auf Platzwechseln und nicht handelsmäßigen Obligationen durch regelrechte Abtretung von Forderungen gegen Stadtverwaltungen, die gesetzlich zur Ausgabe von Obligationen ermächtigt sind, oder von Schiffshypotheken, die an französischen Schiffen

---

[1]) Statuten Art. 15, 1, 2 u. 3

oder an solchen, die wenigstens dem französischen Gesetz unterworfen sind, bestehen.[1])

b) bei Tratten und Anweisungen durch die der Bank gemachte Mitteilung von einem dem Trassanten durch den Trassaten eröffneten Kredit.[1]) Der Geschäftsvorgang, der sich dabei abspielt, heißt: Kauf gegen bestätigten Bankkredit. Der Trassat übersendet hier als kolonialer Importeur (Käufer) der Bank einen Kreditbrief, durch den er diese ermächtigt, bis zu einer bestimmten Höhe Wechsel, die von einem ausländischen Lieferanten auf ihn gezogen sind, zu honorieren gegen Einhändigung des Konossements über die gekaufte Ware. In der antizipierten Akzeptserklärung, die ebenfalls die zweite Unterschrift einer Tratte ersetzen kann, sehen wir die im Exportverkehr der Kolonie übliche Form des Akzeptkredites. Hier weist der Käufer einer kolonialen Ware den kolonialen Lieferanten an, auf eine bestimmte Bank zu ziehen. Diese akzeptiert dann die Tratte gegen Einhändigung des Konossements über die verkaufte Ware.

Der Kauf gegen bestätigten Bankkredit ist üblich beim kolonialen Import, der sog. Akzeptkredit dagegen beim kolonialen Export. Beide Formen der Krediteröffnung kommen in ihren Wirkungen einander gleich; darum war es verkehrt, den alten Kolonialbanken nur die eine Form (den Akzeptkredit) zu gestatten; der Bank von Indochina stehen, wie gesagt, beide Wege offen.

Die Bank kann schließlich auch handelsmäßige oder nicht handelsmäßige Schuldscheine diskontieren, die durch bestimmte Pfänder gedeckt sind. Es sind das Realkreditgeschäfte; verschiedene solcher Darlehensgeschäfte lernten wir bereits bei den alten Kolonialbanken kennen. Doch sind hier in zweifacher Beziehung erhebliche Abweichungen festzustellen. Zunächst ist hier die Zahl der Pfänder vermehrt. Als Pfand für ein Darlehen sind nicht nur zugelassen titres mobiliers, auf welche die Bank von Frankreich Darlehen gibt, sondern auch solche Schuldbriefe, die ausgegeben oder garantiert sind durch die Regierungen und Stadtverwaltungen der Länder, in denen die Bank Filialen oder Geschäftsstellen hat; desgleichen in Französisch Indien eng-

[1]) Statuten Art. 16.

lische oder indische Rentenbriefe. Neben Gegenständen von Gold und Silber können auch solche von Kupfer sowie Edelsteine als Pfand dienen, wie die Bank ja auch solche Gegenstände kaufen, verkaufen und als Dépôt volontaire annehmen darf.[1]) Hingegen ist der Bank von Indochina die Beleihung ihrer Aktien verboten.

Eine zweite Eigentümlichkeit der Darlehensgeschäfte der Bank von Indochina besteht darin, daß die wichtigsten, schon bei den alten Kolonialbanken kennen gelernten Darlehensarten eine veränderte Gestalt oder eine besondere Entwicklung aufweisen. Bei den Warenlombardgeschäften der alten Kolonialbanken mußte die Ware hinterlegt werden in öffentlichen Magazinen oder in privaten Lagerräumen, deren Schlüssel der Bank ausgehändigt waren. Für die Bank von Indochina besteht noch eine dritte Möglichkeit. Sie kann die ihr verpfändeten Waren auch in Räumen hinterlegen lassen, die der Bank selbst gehören.[1]) In diesem Falle hat die Bank den tatsächlichen, nicht bloß fiktiven Besitz der Waren. Andererseits darf die Bank von Indochina sogar, wenn es die lokalen Gewohnheiten zulassen und die Bank sich dabei für hinreichend gesichert hält, Darlehen auf Waren gewähren, welche in der Hand des Darlehensschuldners bleiben.[1]) Dann hätte die Bank nicht einmal fiktiven Besitz, sondern der Schuldner bliebe Besitzer.

In analoger Weise darf die Bank in Ausnahmefällen und wenn der Ortsgebrauch es gestattet, das Konossement über eine Ware dem Trassaten aushändigen, bevor dieser den dem Konossement entsprechenden Wechsel gezahlt hat.[1]) Die Bank hat hierbei keine andere Sicherheit als die rein persönliche Garantie des Trassaten. Gelingt es diesem nicht, der Bank vor Verfall des Wechsels durch den Verkauf der Ware oder sonstwie Deckung zu verschaffen, so steht die Bank einer fälligen Wechselforderung ohne Deckung gegenüber. Sie hat die Tratte des überseeischen Lieferanten für den Trassaten (kolonialen Importeur) akzeptiert und muß sie nun einlösen, auch wenn der Trassat sie im Stich läßt. Dieser — in seiner Grundform schon oben

[1]) Statuten Art. 15, 4.

besprochene — Akzeptkredit zeigt den aleatorischen Charakter des überseeischen Bankgeschäfts.

Die Überlassung der Ware oder des Konossements an den Schuldner in der eben besprochenen Weise ist der Bank von Indochina erst seit 1900 und zwar auf ihr eigenes Verlangen gestattet, um sie in den Stand zu setzen, mit den fremden Bankinstituten erfolgreich konkurrieren zu können.

Wie schon oben S. 104 bemerkt wurde, gewährt die Bank von Indochina auch die Erntedarlehen, welche für die Banken der Zuckerkolonien so bedeutungsvoll waren. Bei der Bank von Indochina finden wir nun eine Besonderheit, die mit der französischen Verwaltung Indochinas zusammenhängt. Die Erntedarlehen können nämlich nicht nur Einzelpersonen unter den uns bekannten Bedingungen erteilt werden, sondern auch Agrargenossenschaften, welche juristische Persönlichkeit besitzen, zugute kommen. Erfolgen diese Darlehen unter Mitwirkung oder Garantie der Lokalverwaltung, so sind besondere, von der benannten Verwaltung mit der Bank vereinbarte Bestimmungen zu erfüllen. Nun sind die Kommunen in Annam und Tonking juristische Personen; sie bilden eine Genossenschaft, die geleitet wird durch eine Art Munizipalrat, aber keiner Regierungsaufsicht untersteht. Die Bank von Indochina kann also einem ganzen Dorfe ein Erntedarlehen geben, für welches die dem Dorfe gehörigen Reisfelder haften. Die Kommunen können das Darlehen auch aufnehmen zugunsten einzelner Gemeindeangehörigen. Das Darlehensgesuch ist durch Vermittlung der Verwaltungsbehörde an die Bank zu richten; es muß enthalten: Namen und Wohnort des Entleihers, Lage und Größe seiner Ländereien, Art der Kultur und den Grundstücks-Eigentumserwerbsgrund, die verlangte Darlehenssumme und den Zweck, zu dem sie verwendet werden soll; die Verpflichtung, das Darlehen mit Zins in 6 Monaten oder — bei Verlängerung des Darlehens — in 1 Jahr zurückzuzahlen. Das Gesuch wird geprüft und, falls es genehmigt wird, stellt die Verwaltungsbehörde eine Zahlungsanweisung auf die Steuerkasse der Kolonie aus, die dem Darlehenssucher in Gegenwart des Dorfschulzen und zweier Dorfnotabeln ausbezahlt wird.

Sobald der Bank eine Ausfertigung des Darlehensvertrages zugestellt ist, sendet sie einen der Darlehenssumme entsprechenden Scheck an die Verwaltungsbehörde. Dieser Scheck, der ausgestellt wird zugunsten der Verwaltungsbehörde, tilgt die Forderung, die der Verwaltung gegen die Bank aus der Bezahlung einer Anweisung auf die Steuerkasse entstanden war.[1])

Die prêts sur récolte werden in der Regel auf 6 Monate bewilligt, da die mannigfachen Formalitäten, die zu erfüllen sind, und die weiten Entfernungen der Schuldner von den Kassen der Bank eine längere Verfallzeit nötig machen. Im Falle einer schlechten Ernte, z. B. infolge einer Überschwemmung, ist nach Zustimmung der obersten Verwaltungsbehörde eine Erneuerung der Darlehen auf weitere 6 Monate zulässig auf Grund eines einfachen schriftlichen Gesuchs des Dorfschulzen an die Verwaltungsbehörde, das vom Schuldner und zwei Dorfnotabeln zu unterschreiben ist. Zwei Wochen vor Fälligkeit der Darlehensschuld hat die Bank durch Vermittlung der Verwaltungsbehörde den Kommunen eine Tabelle der zurückzuzahlenden Summe zu übersenden; diese Tabelle soll die Schuldner an die Fälligkeit ihrer Schuld erinnern.

Im Einklang mit dem in Französisch Indochina geltenden Prinzipe, daß die Verwaltung dort keine Individuen, sondern nur Kommunen kennt, sind es die Dorfnotabeln, welche die Schuld eintreiben und die erhaltenen Summen den staatlichen Kassen zurückzahlen. Die Kommunen müssen innerhalb eines délai de rigueur von 30 Tagen vom Verfalltage ab für die völlige Zurückzahlung der Darlehenssumme Sorge tragen. Gemäß dem Garantieprinzip wird die Bank unverzüglich für jeden dabei etwa erlittenen Ausfall durch ein mandat budgétaire der Verwaltungsbehörde entschädigt. Sollte der Schuldner zur Verfallzeit nicht zahlen, so können die Notabeln nach einem neuen délai de rigueur von 14 Tagen auf einfache Anordnung der Verwaltungsbehörde ermächtigt werden, die Ernte des Schuldners, ja sogar seinen Grund und Boden verkaufen zu lassen, wenn die Ernte nicht ausreicht zur Rückzahlung der Schuld.[2])

---

[1]) Vergl. Renaud a. a. O. S. 179 ff.

[2]) Renaud a. a. O. S. 183.

Die Erntedarlehen an die Kommunen sind erst 1888 aufgekommen und in den Bankstatuten berücksichtigt. Bis dahin unterhielt die Bank fast keine Beziehungen mit den Eingeborenen. Man erkannte aber damals, daß es der Bank nur durch Vermittlung der Regierung möglich sein würde, sich mit der Bevölkerung in engere Beziehungen zu setzen und ihr Mißtrauen zu überwinden.

Der Leihzins für die Erntedarlehen war anfangs sehr hoch (12—15 %). Wenn trotzdem die Nachfrage nach ihnen fortgesetzt stieg, so war damit der Beweis erbracht, daß diese Einrichtung des Realkredits in Indochina einem großen Bedürfnis entgegenkam. So verhielt es sich tatsächlich auch. Die Eingeborenen in Indochina besaßen kaum Kapitalien. Der Wucher verzehrte den größten Teil ihrer Einkünfte. Da sie kaum soviel ernteten, als ihr Lebensunterhalt erforderte, konnten sie auch garnicht ans Sparen denken. In schlechten Jahren mußten sie sogar zu einem Darlehen ihre Zuflucht nehmen. Etwas besser stand es mit denjenigen, die auf ihrem Boden Nebenprodukte (Gemüse, Seide, Baumwolle) bauen konnten; aber ihnen fehlte es oft wieder an Kapital oder an Arbeitskräften. Ein Kreditbedürfnis war somit in guten wie in schlechten Jahren unleugbar vorhanden. Aber was konnte der Schuldner der Bank als reale Sicherheit bieten: sein Haus ist eine wertlose Strohhütte, sein Mobiliar besteht aus einigen Brettern, 2—3 Stühlen aus Bambus und einigen plumpen Gefäßen von der allernotwendigsten Art.[1]) Unter solchen Umständen bot nur die Ernte auf dem Felde ein wirkliches Beleihungsobjekt. Dazu kam, daß der Handel im Lande in der Hand von Chinesen lag, die den Eingeborenen für ein Darlehen 3—4 % Zinsen pro Monat, das sind 36—48 % p. a. abverlangten. Der Wucher ward verboten, aber notgedrungen ein Zins von 36 % gesetzlich gestattet! Trotzdem blieb der Wucher weit verbreitet, weil die Eingeborenen nur wertlose Pfandobjekte besaßen und weil Geld nur von wenig begüterten Leuten, meist Chinesen, ausgeliehen wurde, die nur dann von ihrem Kapital leben konnten, wenn es ihnen hohen Zins einbrachte.

[1]) Renaud a. a. O. S. 179.

Aus dem Gesagten geht hervor, welche Vorteile die Bank von Indochina durch die Erntedarlehen den Eingeborenen brachte. Der Nutzen für das Land stieg, als 1896 die Bank den Leihzinsfuß auf 10 und 8% ermäßigte. Dies war ihr nur möglich, weil die Kolonie damals der Bank gegenüber sich für die Rückzahlung der Erntedarlehen verbürgte (Garantieprinzip) und so das Risiko der Bank beseitigte. Immerhin beträgt die durchschnittliche Höhe des Leihzinses für Erntedarlehen an Kommunen 8%, der Leihzinsfuß ist also wesentlich höher, als bei den alten Kolonialbanken. Das erklärt sich daraus, daß die Bank von Indochina eine Gebühr von 2% = $^1/_4$ des erhobenen Zinses an die Lokalverwaltung als Entgelt für ihre Mühen, Kosten und ihre Bürgschaft zahlen muß.

Gegenstand der Beleihung bei den Erntedarlehen ist in Indochina der Reis. Es ist bemerkenswert, daß der Reis in Cochinchina zweimal im Jahre geerntet wird, jede Ernte also im ganzen 6 Monate in Anspruch nimmt, eine Frist, die der von den Statuten für die Gewährung von Erntedarlehen vorgesehenen Verfallzeit genau entspricht. Bei der Bank von Indochina ist also die Verfallzeit für Erntedarlehen dem praktischen Bedürfnis angepaßt. Das Gleiche läßt sich von den alten Kolonialbanken nicht behaupten. Die Folge war dort eine genaue Beobachtung der Statuten, hier fast chronische Zuwiderhandlungen gegen die Statuten. Welches System den Vorzug verdient, ist ohne weiteres klar.

Auch die Bank von Indochina darf die Ernte auf dem Felde nur bis zu $^1/_3$ ihres mutmaßlichen Wertes beleihen. Überhaupt ist die Beleihungsgrenze für die verschiedenen Pfandobjekte bei ihr ganz ähnlich wie bei den alten Kolonialbanken geregelt. Für Edelsteine ist sie auf $^1/_3$ ihres Werts festgesetzt.

Bislang haben wir die Notenausgabe der Bank von Indochina, ihr Depositengeschäft, ihre Diskontgeschäfte und ihre verschiedenen Darlehensgeschäfte betrachtet — lauter Bankgeschäfte, welche auch den alten Kolonialbanken erlaubt sind. Es gilt jetzt die Geschäfte namhaft zu machen, welche die Bank von Indochina nicht mit den alten Kolonialbanken teilt; es sind das: die Geschäfte in Paris, die Ausstellung von Kreditbriefen und die Beteiligung an der Gründung wirtschaftlicher Unternehmungen, sowie an der Emission von Staatsanleihen[1]).

Als Geschäfte, welche die Bank von Indochina in Paris betreibt, sind zu nennen: das ganze Inkassogeschäft des regulären Bankverkehrs, die Annahme von Zeichnungen auf öffentliche Anleihen, die in den Kolonien oder im Mutterlande eröffnet sind, die Ausstellung von Wechseln und Anweisungen beispielsweise auf Indochina, China, Indien, Australien, sowie die Diskontierung von Tratten und Anweisungen mit zwei Unterschriften oder von solchen, deren zweite Unterschrift durch ein Konossement ersetzt ist, und schließlich der Kauf oder Verkauf von Gold, Silber und Kupfer.

Welche enorme Bedeutung die Geschäftstätigkeit in Paris für die Bank hat, zeigt sich vor allem in ihren Wechselgeschäften. Der Kontokorrentverkehr in Paris verschafft der Bank unverzinsliche Depositengelder, die sie ebenso wie das in der Metropole angekaufte Edelmetall je nach Bedarf an ihre Filialen versenden oder zur Tilgung der durch die tirages verursachten Schuld an das Mutterland verwenden kann.

In gleich günstiger Lage befinden sich die alten Kolonialbanken nicht, da jede Geldsendung, die sie sich aus Frankreich kommen lassen, ihre Schuld an das Kontor erhöht.

Die Möglichkeit, in Paris Wechsel auf den fernen Osten auszustellen, erleichtert der Bank von Indochina die Kursversicherung d. h. die Versicherung gegen das Fallen oder Steigen der Wechselkurse, dadurch daß sie für jedes im fernen Osten abgeschlossene Geschäft ein entsprechendes Gegengeschäft in Paris vornehmen läßt.

Die Bank darf ferner — aber nicht nur in Paris — gegen vorherige Deckung Kreditbriefe ausstellen. Kreditbriefe stehen ihrem Wesen nach in naher Verwandtschaft mit den Anweisungen; sie sind eine Ermächtigung an eine Bank, einem Kunden einer anderen Bank Geldbeträge bis zu einer bestimmten Höhe auszu-

---

[1]) Statuten, Art. 15.

zahlen. Die Kreditbriefe haben große Bedeutung für alle, welche nach dem fernen Osten reisen und denen ein Kreditbrief es erspart, viel Geld bei sich zu tragen. Bei den alten Kolonialbanken haben die Kreditbriefe keinen Sinn, da ihr räumliches Tätigkeitsfeld zu klein ist.

Die Bank von Indochina nimmt auch Teil an der Emission von Staatsanleihen in allen Ländern, in denen sie Niederlassungen hat. Doch darf der Gesamtbetrag ihrer dabei engagierten Kapitalien nie höher sein als $^1/_4$ ihres eingezahlten Grundkapitals, es sei denn, daß der Kolonialminister — bei Anleihen, die von einer fremden Regierung ausgegeben werden, auch noch der französische Minister des Auswärtigen —, seine Ermächtigung dazu gibt.

Hochbedeutsam ist, daß die Bank von Indochina sich seit 1900 sogar beteiligen darf an der Gründung von Finanz-, Industrie- und Handelsunternehmungen, sofern ihr Gegenstand in Ländern liegt, in denen die Bank Niederlassungen hat. Die Beteiligung der Bank soll nie $^1/_3$ ihrer Reserven übersteigen. Von der Teilnahme der Bank von Indochina an Agrarunternehmungen ist in den Statuten keine Rede. Doch kann die Bank natürlich auch Agrarbanken und Agrargenossenschaften, falls solche gegründet werden, unterstützen, z. B. durch Gewährung von Vorschüssen im Wege des Kontokorrentverkehrs.

Diese Gründungs- und Finanzierungsgeschäfte der Bank stempeln sie zu einer Bank großen Stils.

§ 26.
BESONDERHEITEN IN DER GESCHÄFTSFÜHRUNG DER BANK.

Eine gewisse Großzügigkeit zeigt auch die Leitung der Bank wie überhaupt ihre ganze Entwicklung.

Wir machten schon oben auf die großen Reservehaltungen der Bank aufmerksam, welche sie gegen alle Eventualitäten sicher stellen. Die Bank hat ferner überall, wo sie sich niederließ, eigene Grundstücke erworben — ein Zeichen, daß sie der Zukunft vertraut. Sie stellt Reserven ein für die Verluste, die durch Kursschwankungen entstehen können; sie übt den weisen Grundsatz, alle Außenstände restlos und ohne Abzug sofort ins Verlustkonto zu setzen, obwohl keine Statutenbestimmung sie dazu verpflichtet. Daher sind denn auch die von ihr veröffentlichten Bilanzen durchaus zuverlässig. Nur ein Mangel haftet ihnen an. Die meisten Geschäfte der Bank werden nicht in französischer Währung, sondern je nach dem Erfüllungsorte in Rupien- oder Piaster- oder Ticalwährung gemacht und dementsprechend bei der betreffenden Bankstelle gebucht. Für die Bilanzen und Berichte an den Verwaltungsrat in Paris muß aber eine Umrechnung in die Frankenwährung erfolgen. Infolge der wechselnden Kurse wird dadurch der Vergleich der Bilanzen verschiedener Jahre und Geschäftsperioden sehr erschwert. So zeigten insbesondere die Bilanzen der 90er Jahre eine Abnahme der Geschäftsziffern an, während in Wirklichkeit die Geschäfte der Bank zugenommen hatten. Die Erscheinung erklärte sich aus dem damaligen Sinken des Wechselkurses im fernen Osten.

Die Vorsicht, die wir der Bankleitung nachrühmten, tritt auch noch in folgendem zutage. Die Bank hat beträchtliche Kapitalsummen jederzeit in Rupien- oder Piaster- oder Taelswährung angelegt; sei es, daß sie Forderungen erworben hat, die auf Rupien, Piaster oder Taels lauten, sei es, daß sie ihren Schuldnern die Erfüllung ihrer Verbindlichkeiten in jenen Geldarten gestattet. Ein Sinken des Kurses dieser Geldmünzen muß die Bank notwendig in starke Mitleidenschaft ziehen, besonders wenn die Entwertung des Geldes einen solchen Umfang annimmt wie beim Piaster, der von 5,50 fr. (1875) auf 2,23 fr. (1897) fiel. Als Schutzmittel hiergegen dient die sogenannte Kursversicherung, die darin besteht, daß man sich entweder direkt bei einer Gesellschaft gegen Verluste am Wechselkurse versichert oder daß man ein entsprechendes Gegengeschäft abschließt, d. h. wenn die Bank eine Forderung von 1000 Piastern, zahlbar am 1. 1. 190.. erwirbt, muß sie sich nach einem Gläubiger umsehen, dem sie zum gleichen Fälligkeitstermin eine gleich hohe Summe schuldet. Das geht natürlich nicht so einfach. Um nun ihren Geschäftsgang vor anormalen Störungen zu bewahren, stellt die Bank ihre in fremden Währungen angelegten Kapitalien regelmäßig zu dem niedrigsten Kurse in Rechnung, den die betreffenden Geldmünzen im letzten Semester gehabt haben.

Auch die Bank von Indochina hat unter den schwankenden Wechselkursen stark gelitten, sie ist aber in der Wechselkursfrage erfolgreicher gewesen als die alten Kolonialbanken.

Als die Bank von Indochina 1875 ihre erste Filiale in Saigon errichtete, bestand der Geldumlauf Cochinchinas nur aus mexikanischen Piastern, die 27,073 gr wogen und ca. 5,50 fr. wert waren. 1883 entstand in China eine große Nachfrage nach Silber. Die mexikanischen Piaster wurden darauf von den chinesischen Kaufleuten in Indochina haufenweise nach China ausgeführt. Der Bank von Indochina wurden ihre Noten so häufig und zahlreich präsentiert, daß ihr Metallvorrat unter das statutarische Minimum sank. Dieser Zustand dauerte mit Unterbrechung bis 1885; trotzdem die Bank unter großen Opfern beträchtliche Mengen von Piastern (1884 allein für 18 Mill. fr.) in Hongkong, Singapore, St. Francisco, London und Paris ankaufen und nach Indochina einführen ließ. Zur Bekämpfung der Geldkrise trug ferner die Prägung französischer Piaster bei, die von den Eingeborenen sehr gern genommen wurden. 1890 gab die Bank auch Noten von 1 Piaster aus (bislang waren nur Noten von 100 Piastern zur Ausgabe gelangt). Trotzdem blieb die Piasterfrage schwierig. Sie wurde noch komplizierter durch folgenden Umstand. Seit Jahren hatte Mexiko zur Saldierung seines Einfuhrüberschusses jährlich bedeutende Mengen von Piastern zu Rimessezwecken ins Ausland versenden müssen: das erklärte den großen Piasterumlauf im fernen Osten. Nun hatte im Laufe der Jahre Mexikos Einfuhr sich allmählich vermindert, seine Ausfuhr sich gleichzeitig vermehrt; das hatte zur Folge, daß die Piasterausfuhr Mexikos geringer, d. h. daß der Piaster im fernen Osten seltener wurde. Es erwuchs der Bank damit die Notwendigkeit, für den teilweisen Ersatz der Piaster im Geldumlauf der Kolonie Sorge zu tragen. Im Einverständnis mit der französischen Regierung ließ sie 1895, wie sie es schon 1885 getan, französische Handelspiaster für den Gebrauch in Indochina in Paris prägen. Diese Maßregel versprach auch diesmal Erfolg, da die Asiaten jede Münze nur als einen Metallbarren betrachten, dessen Prägung seinen Feingehalt und sein Gewicht beglaubigt. Leider beging man den Fehler, den französischen Piaster zu schwer auszuprägen. Von den im fernen Osten umlaufenden Münzen hatte der mexikanische Piaster ein Gewicht von 27,073 gr, der japanische Yen wie der amerikanische Dollar ein solches von 26,756 gr. Bei einem Gewichte von 27,215 gr wog der französische Piaster fast 1 % mehr als der Yen, Dollar oder der mexikanische Piaster. Die Folge war, daß die französischen Piaster kurz nachdem sie in Indochina eingeführt waren, wieder auswanderten und nur gegen ein Aufgeld wieder zurückkehrten, was in ungünstiger Weise auf Diskontsatz und Wechselkurs einwirkte. Die Erhöhung des Diskontsatzes und der Wechselprämie gegen Übernahme der Verpflichtung seitens der Bank, dem Handel jederzeit die nötigen Rimessen nach China zu liefern, waren nur Palliativmittel gegen den Geldabfluß. Hilfe brachte erst das Dekret vom 8. Juli 1895, welches das Gewicht der französischen Piaster auf 27 gr herabsetzte. Der geringe Gewichtsunterschied zwischen dem neuen französischen Piaster und den anderen Silbermünzen des fernen Ostens ist jetzt nicht mehr imstande, eine Auswanderung der französischen Piaster nach China zu veranlassen.[1]) Der innere Geldumlauf Indochinas ist damit sichergestellt und der Bank die Sorge für die Erhaltung eines hinreichenden Metallbestandes genommen. Aber die Schwankungen des Wechselkurses blieben. Ein erster Schritt zu ihrer Beseitigung geschah dadurch, daß die Einfuhr mexikanischer Piaster nach Indochina verboten wurde. Gleichzeitig wurden große Mengen französischer Piaster nach Indochina eingeführt; ihnen gelang es, die mexikanischen Piaster fast ganz aus dem Geldumlauf Indochinas zu verdrängen. Hierdurch ging dem Handel ein Mittel zu Rimessen nach China verloren. Aber man näherte sich zugleich dem Ziel, den Kurs des französischen Piasters lediglich vom Silberpreise und von der Zahlungsbilanz Indochinas ab-

---

[1]) Vergl. Denizet a. a. O. S. 198/9.

hängig zu machen. Dem mexikanischen Piaster wurde 1905 die gesetzliche Zahlungskraft in Indochina entzogen. Aber das letzte Ziel aller dieser Maßregeln: die Stabilisierung des französischen Piasterkurses konnte bislang noch nicht erreicht werden; es fehlte eben der Bank von Indochina an der nötigen Goldreserve, mit deren Hilfe sie imstande gewesen wäre, den Piasterkurs auf der für seine Stabilisierung adoptierten Höhe zu halten.[1]) Indochina hat also auch in Zukunft mit einem Schwanken der Wechselkurse zu rechnen. Daß dies für die Bank von Indochina bislang keine verderblichen Folgen hatte, liegt daran, daß die Bank regelmäßig einen Überschuß der Rimessen über die von der Bank ausgestellten Tratten und Anweisungen verzeichnen konnte, der 1899 und 1902 sogar 47,5 bezw. 46,8 Millionen fr. betrug. Dieses günstige Ergebnis ist dem Umstande zu danken, daß die Mehrzahl der französischen Kolonien, in denen die Bank Niederlassungen hat, eine aktive Handelsbilanz haben. Sollten trotzdem bei einer Filiale oder Geschäftsstelle der Bank die émissions die rémises ständig oder nur vorübergehend infolge schlechter Ernten übertreffen, so wird der Mehrbetrag der émissions ausgeglichen durch den Rimessenüberschuß, den andere Bankstellen regelmäßig oder infolge einer guten Konjunktur aufzuweisen haben.

Dieser Rimessenüberschuß ist für die Bank von Indochina hochbedeutsam, da die Wechselgeschäfte immer 50—60 % der sogenannten produktiven Geschäfte der Bank ausmachten, wie nachfolgende Tabelle beweist:

Bank von Indochina	Wechselgeschäfte	Gesamtsumme der produktiven Bankgeschäfte	Wechselgeschäfte im Verhältnis zu den produktiven Geschäften
1875	12,21 Mill. fr.	23,97 Mill. fr.	50,94 %
1885	92,20 „ „	145,23 „ „	63,49 %
1895	127,97 „ „	222,05 „ „	57,63 %
1904	407,64 „ „	788,22 „ „	51,72 %
1882/1904	4065,78 „ „	7 226,39 „ „	56,26 %

Ein ähnliches Verhältnis nehmen die Diskontgeschäfte der

[1]) Vergl. Jahresberichte des Verwaltungsrates der Bank von Indochina 1898—1902/5 in dem Economiste français.

Bank von Indochina zu ihren Gesamtvorschüssen (= Diskont- + Darlehensgeschäften) ein. Es betrugen:

Jahr	Diskontgeschäfte	Gesamtvorschüsse	Diskontgeschäfte in % der Gesamtvorschüsse
1884	13,07 Mill. fr.	34,88 Mill. fr.	37,50 %
1894	40,19 „ „	80,78 „ „	49,76 %
1904	170,24 „ „	380,58 „ „	44,73 %
1882/1904	1582,84 „ „	3160,61 „ „	50,01 %

Im Durchschnitt wurde die Hälfte aller Vorschüsse der Bank im Wege des Diskontgeschäfts erteilt: 1892 sogar fast ²/₃. Bei den Diskontgeschäften der Bank handelt es sich nur um Diskontierung von Platzwechseln, deren Höhe direkt abhängig ist von den Konjunkturen, in Cochinchina z. B. von der Reisernte. Ist diese sehr gut, so ist die Reisausfuhr groß und damit auch die Zahl der diskontierten Platzwechsel. Eine schlechte Ernte macht dagegen eine Reiseinfuhr nötig, die wiederum eine lebhafte Bewegung im Diskontverkehr hervorruft. Nur eine mittelmäßige Ernte, welche keinen bedeutenden Reishandel zu veranlassen imstande ist, läßt auch die Diskontgeschäfte abflauen.

Zu interessanten Ergebnissen führt eine Betrachtung der einzelnen Darlehensgeschäfte der Bank von Indochina in ihrem Verhältnis zur Summe aller von der Bank gewährten Darlehen.

Während die Erntedarlehen bei den alten Kolonialbanken einen beträchtlichen Teil der von ihnen gewährten Darlehen ausmachten, hielten sie sich bei der Bank von Indochina stets in bescheidenen Grenzen und scheinen kaum jemals 2 Millionen fr. erreicht zu haben. Doch ist die durchschnittliche Höhe der Erntedarlehen bemerkenswert. Die Bankstelle in Hanoi z. B. gewährte 1898 für 150 000 Piaster prêts sur récolte, die sich auf ca. 1000 Darlehensempfänger verteilten; das macht im Durchschnitt 150 Piaster = ca. 400 fr. pro Kopf.[1]) Das Beispiel zeigt, daß auch die kleinen Reisbauern bei der Bank Hilfe und Berücksichtigung fanden.

Im Gegensatz zu den Erntedarlehen spielten die Waren-

---

[1]) Economiste français 1899, 2. sem. p. 193.

lombardgeschäfte bei der Bank von Indochina eine größe Rolle. Sie betrugen:

1881	9162000 fr.,
1891	33287000 „
1903	62311875 „

während unter den alten Kolonialbanken die Bank von Réunion schon mit 16,9 Millionen fr. (1879/80) den Rekord geschlagen hatte. Auch die Darlehen auf Gegenstände von Gold, Silber, Kupfer und auf Edelsteine zeigten überraschend hohe Ziffern, z. B. 1895 13,6 Millionen fr., 1899 7 Millionen fr. Die normale Höhe war 1/2—1 Million fr. Die Filiale Pondichéry war hauptsächlich an diesen Darlehensgeschäften beteiligt. Hervorgehoben zu werden verdient die Tatsache, daß bei der Bank von Indochina der Saldo dieser Darlehen am Schlusse des Geschäftsjahres stets bedeutend niedriger war als der Betrag der im verflossenen Geschäftsjahre gewährten Darlehen — ein Beweis, daß der Sparkassencharakter, den diese Darlehen bei den alten Kolonialbanken angenommen haben, nicht notwendig mit ihnen verbunden ist.

Nicht nur die Aktivgeschäfte der Bank, auch der Kredit, den sie genießt, sind ein Maßstab für ihre Prosperität. Wie steht es in dieser Beziehung mit der Bank von Indochina?

Ihr Notenumlauf zeigt eine fast ständige Aufwärtsbewegung.[1]) Er betrug:

1877	3,5	Millionen	fr.,
1887	12,3	„	„
1897	25,2	„	„
und 1905 sogar .	46,9	„	„

das ist fast 8mal soviel als das eingezahlte Kapital der Bank (6 Millionen fr.) damals betrug. Dieser hohe Notenumlauf ist um so bemerkenswerter, als die in Siam und China in Umlauf gesetzten Noten in der letztvergangenen Zeit der Konkurrenz

[1]) Der scheinbare Rückgang 1895 und 1896 erklärt sich durch den niedrigen Piasterkurs, der den Notenumlauf in der Bilanz geringer erscheinen ließ, als er in Wirklichkeit war.

halber eingezogen werden mußten, wie das bereits oben S. 112 gesagt worden ist.

Der Metallbestand der Bank zeigte 1905 (31. XII) die erfreuliche Höhe von 26,6 Millionen fr., 1904 sogar eine Höhe von 33,7 Millionen fr. Die metallische Drittelsdeckung der Noten ist von der Bank stets eingehalten worden, wenn wir die Krisenzeit 1883—1887 ausnehmen. Für die damals vorgekommenen Unregelmäßigkeiten kann aber die Bank nicht verantwortlich gemacht werden, worauf oben S. 124 bereits hingewiesen ist.

Auch der Kontokorrentverkehr der Bank von Indochina zeugt von ihrer glänzenden Entwicklung. Es betrugen:

Jahr.	Kontokorrenteinzahlungen.	Solde débiteur der Bank.
1875 . .	5 894 231 fr.	594 832 fr.
1885 . .	36 289 125 „	1 392 597 „
1895 . .	56 644 634 „	3 831 796 „
1904 . .	261 064 596 „	15 592 243 „

Außerdem unterhält die Bank ein besonderes Kontokorrent mit dem kolonialen Schatzamt in Indochina. Durch Artikel 11 des Dekrets vom 16. V. 1900 ist nämlich die Bank von Indochina verpflichtet, auf Verlangen des französischen Kolonialministers in allen Kolonien und Protektoraten, in denen sich Bankstellen von ihr befinden, das Amt eines Schatzmeisters zu übernehmen. Diese Tätigkeit bedingt einen Kontokorrentverkehr der Bank mit dem kolonialen Schatzamt. 1905 schloß dieses Kontokorrent mit einem Saldo von 23,1 Millionen fr. zugunsten des kolonialen Schatzamts. Aber auch ein Saldo zugunsten der Bank ist denkbar. Die Bank hat nämlich 1899 mit dem französischen Finanzminister einen Vertrag geschlossen, wonach sie dem Schatzamt in Indochina monatlich eine Summe von höchstens 500 000 Piastern zur Verfügung stellen soll gegen gleichzeitige Deckung der Bank in Paris. Zweck dieses Vertrags ist, den regelmäßigen Dienst des kolonialen Schatzamts sicher zu stellen, bis das vom Finanzministerium expedierte Geld in Indochina eingetroffen ist.[1])

[1]) Economiste français 1900, 1er sem. p. 706.

Wir kennen jetzt die Bank von Indochina sowohl ihrer Bankverfassung, wie der von ihr entwickelten Tätigkeit nach. Welches war nun der Erfolg ihrer Tätigkeit, was hat die Bank in den 30 Jahren ihres Bestehens erreicht?

4. Kapitel.

DIE ERFOLGE DER BANK.

§ 27.

DIE DEN KOLONIEN ERWIESENEN DIENSTE.

Die Bank fand bei ihrer Gründung zwei große Schwierigkeiten vor: zunächst die monoculture, d. h. die Reiskultur war in Indochina fast die einzige Produktion und alleinige Quelle des Gedeihens des Landes. Zudem machte der Wechselkurs der Bank viel zu schaffen. Ein Vergleich mit den oben geschilderten Verhältnissen in den französischen Zuckerkolonien drängt sich da von selbst auf. Der dortige absentéisme fehlte zwar in Indochina, hatte hier aber ein würdiges Gegenstück in der angeborenen Faulheit der Eingeborenen, speziell der Annamiten.

Es kann nun festgestellt werden, daß dank der Unterstützung der Bank die monoculture in Indochina tatsächlich beseitigt worden ist. Eine Menge neuer Kulturen (Pfeffer-, Kaffee-, Tee-, Kautschuk-, Seide- und Maiskulturen) sind teils direkt durch die Mitwirkung der Bank ins Leben gerufen, teils, wie z. B. die Kohlenproduktion, indirekt durch Teilnahme am Bau von Eisenbahnen gefördert worden. Als in Pondichéry der blühende Arachidenhandel zurückging, suchte und fand die dortige Filiale Ersatz in dem Baumwollenhandel mit Madagaskar und Indochina. In Nouméa hat die Bank neben der Fleischkonservenindustrie auch die verschiedenen Minenindustrien (Kupfer-, Nickel-, Kobalt- und Chromminen) unterstützt und wesentlich zu ihrer jetzigen Blüte beigetragen.

Ebenso erfolgreich war die Bank in der Lösung der Wechselkursfrage, wenngleich das Endziel, die Stabilisierung des Wechselkurses, noch nicht erreicht ist. Durch Einführung der französischen Piaster ist der innere Geldumlauf der Kolonie gesichert worden, ohne daß es einen Augenblick nötig gewesen wäre, Kassenscheine mit Zwangskurs auszugeben wie in den Zuckerkolonien.

Freilich kam der Bank hierbei die aktive Handelsbilanz Indochinas sehr zu statten.

Der Leihzinsfuß der Bank von Indochina war im ganzen etwas höher als derjenige der alten Kolonialbanken. Eine Erklärung hierfür ist für die Erntedarlehen oben schon gegeben. Das dort S. 120 Gesagte gibt uns vielleicht einen Fingerzeig auch für die anderen Geschäfte der Bank.

Die Geschäfte mit den chinesischen Kunden der Bank erfolgen stets unter Vermittlung eines Compradore, einer Art bestallter Makler, der die Geschäftsbedingungen festsetzt und zugleich das Zählen und Wiegen der Piaster und anderen Silbermünzen vornimmt.[1]) Die Vermittlung des Compradore muß natürlich den Darlehenszins erhöhen, ohne daß dadurch die Sicherheit der Bank vermehrt wird. Haben doch gerade diese Compradores bisweilen eine Menge Wechsel gefälscht und dadurch der Bank ziemliche Verluste beigebracht.[2])

Die Bank von Indochina hat oft in demselben Geschäftszweige verschiedene Zinssätze in Anwendung gebracht. Zieht man überall nur die niedrigsten von der Bank gewährten Zinssätze in Betracht — diese werden wohl den Europäern und sonstigen sicheren Kunden zugebilligt sein —, so hat die Bank von Indochina keineswegs teureren Kredit gegeben, als die alten Kolonialbanken. Zweifellos steht aber fest, daß der Bank von Indochina eine starke Herabsetzung des Leihzinses wie überhaupt eine Erleichterung und Verbilligung des Kredits zu danken ist. Der Kredit ist außerordentlich erweitert und auch dem kleinen Manne zugänglich gemacht worden; er ist nicht nur Privatpersonen, sondern auch öffentlichen Körperschaften zugute gekommen. So hat die Bank der Kolonie Neukaledonien im

---

[1]) Vergleiche das auf S. 125 Gesagte.

[2]) Economiste français 1898, 1er sem. p. 905.

Wege des Kontokorrents 1894 einen mit 5% zu verzinsenden Vorschuß von 575 000 fr. gegeben, um die Kolonie in Stand zu setzen, die durch Einfuhr asiatischer Arbeiter verursachten Kosten zu bezahlen. Im selben Jahre machten die Protektorate Annam und Tonking bei der Bank eine Anleihe von 750 000 Piastern = ca. 2 Millionen fr. zwecks Baus einer Eisenbahn.[1])

§ 28.

LEISTUNGEN AN DEN FRANZÖSISCHEN STAAT.

Auch der französische Staat hat sich der Dienste der Bank von Indochina zu erfreuen gehabt. Wir erinnern nur daran, daß die Bank für die französische Regierung das Amt eines Schatzmeisters in Indochina übernommen hat. Ferner wurde die Bank beauftragt, den Teil der chinesischen Kriegsentschädigung von 1900, der Frankreich zukommt, in Empfang zu nehmen.[2]) Diese Aufgabe stellt die Bank von Indochina in den Dienst der französischen Politik. Sie ist ja überhaupt keine ganz selbständige Kolonialbank mehr, seitdem ihr durch Dekret vom 16. V. 1900[3]) die Verpflichtung auferlegt ist, auf Verlangen der französischen Regierung in allen französischen Kolonien und Protektoraten des Indischen und Stillen Ozeans, desgleichen in Siam, Japan und China, sowie in allen nichtfranzösischen Häfen des Indischen und Stillen Ozeans Filialen oder Geschäftsstellen zu errichten. Diese Bestimmung macht die Bank in der Hand der französischen Regierung zu einem politischen Instrument; die Bank wird ein Mittel zur Vermehrung und Verbreitung des französischen Einflusses im fernen Osten. Die französische Regierung hat von ihren Rechten häufigen Gebrauch gemacht und der Bank dadurch große Opfer zugemutet. Gar manche Bankstelle, so z. B. die Filiale Tahiti und die Geschäftsstelle Battambang, sind nur auf Drängen der Regierung und unter starkem Widerstreben der Bankleitung eingerichtet worden, weil die Bank selbst von

[1]) Bouchié de Belle a. a. O.
[2]) Economiste français 1902, 2e sem. p. 75.
[3]) Art. 2/3.

diesen Neugründungen keine Vorteile, wohl aber, wenigstens für die ersten Jahre, ziemliche Verluste zu erwarten hatte. Und wenn nun auch manche dieser Neugründungen, die nicht einem wirtschaftlichen Bedürfnis, sondern politischen Erwägungen ihre Entstehung verdankten, später besser angegangen sind und günstigere Ergebnisse geliefert haben, als die Bank bei vorsichtiger Berechnung angenommen hatte, so fehlt es doch andererseits nicht an Beispielen, daß die Bank mit ihren geringen Erwartungen Recht behielt. Als 1877 in Pondichéry eine Filiale gegründet wurde, vertrat die Bank die Ansicht, daß diese Bankstelle dem lokalen Handel nur geringe Vorteile bieten und ihre eigenen Auslagen und Kosten kaum decken würde.[1]) In der Tat ist diese Filiale stets ein Schmerzenskind der Bank von Indochina gewesen. Anfangs läßt sich bei ihr ein ziemlicher Aufschwung beobachten infolge des starken Arachidenhandels. Dieser veranlaßte die Bankstelle sogar eigene Lagerräume herzustellen zur Aufnahme der ihr verpfändeten Arachiden. Ziemlich plötzlich erfolgt dann Mitte der 90er Jahre eine anhaltende Geschäftsabnahme; die Lagerräume standen lange Zeit leer. Der Grund hierfür lag einerseits in der Abnahme des Arachidenernteergebnisses, andererseits in der Konkurrenz des benachbarten britischen Cuddalore, das durch bessere Eisenbahnverbindung mit dem Innern Vorderindiens Pondichéry gegenüber entschieden im Vorteil war. Seit 1900 ist wiederum ein starkes Steigen aller Geschäfte der Filiale Pondichéry festzustellen. Es bleibt indes abzuwarten, ob diese Besserung der Lage von Dauer ist. Jedenfalls hat auch die Stabilisierung des Rupienkurses, die 1898 der indischen Regierung gelang, die dortigen Verhältnisse günstig beeinflußt. Das Hauptübel, an dem die Filiale Pondichéry krankt, ist ihre geringe räumliche Ausdehnung und dadurch auch ihre beschränkte Entwicklungsfähigkeit. Wäre die Filiale in Pondichéry eine selbständige Bank, ihre Ergebnisse würden kaum glänzender sein als diejenigen der Banken von Martinique, Guadeloupe und Réunion.

---

[1]) Economiste français 1878, 2e sem. p. 29.

§ 29.

DAS ERGEBNIS FÜR DIE BANK SELBST.

Trotz aller Schwierigkeiten hat die Bank von Indochina gute Resultate erzielt. Dies verdankt sie zum Teil den Filialen Saigon und Haiphong, vor allem aber den Bankstellen in China, die sich äußerst rasch und günstig entwickelt haben.

Auch die Filiale Nouméa auf Neukaledonien bewies, was dort bei geschickter Geschäftsführung zu erreichen war. Wenn die letzten 1904 veröffentlichten Geschäftsziffern einen gewissen Rückgang dartun, so hängt das mit dem Verfall der dortigen Fleischkonservenindustrie zusammen, welcher unausbleiblich wurde, seitdem der französische Kriegsminister verordnet hat, daß kein Konservenfleisch aus Neukaledonien mehr für die Verproviantierung der französischen Armee verwendet werden dürfe. Auch der Arbeitermangel in Neukaledonien war ein Grund für den Rückgang der dortigen Landwirtschaft. Die aufblühende Minenindustrie ist jetzt fast das einzige Lebenselement der Kolonie und wird schon aus diesem Grunde von der Bank von Indochina kräftig unterstützt.[1])

Trotz der zahlreichen Filialen und Geschäftsstellen der Bank von Indochina ist doch die Einheitlichkeit in der Bankleitung stets gewahrt worden. Die gegenseitige Unterstützung der Bankstellen untereinander ist dank dieser Zentralisation überall rasch und wirksam durchgeführt worden.

So wurden lokale Krisen leichter überwunden, und das Gesamtgeschäftsergebnis der Bank gewann an Stetigkeit. Die Bank von Indochina verteilte 1876 eine Dividende von 5%, 1877 eine solche von 8%, 1880 gar 10%. Seit 1885 schwankte die Dividende mit zwei Ausnahmen zwischen 16 und 17,6%, stieg dann auf 20% (1896) und 30% (1903) und betrug 1905 36%.

In den 30 Jahren von 1876—1905 haben die Aktien der Bank von Indochina einen Durchschnittsertrag von 17,73% eingebracht und zwar:

---

[1]) Berichte des Verwaltungsrates a. a. O. 1899, 1900, 1903/05.

1876/85	. . . .	10,06 %,
1886/95	. . . .	18,32 %,
1896/1905	. . .	24,8 %.

Vergleicht man hiermit die Tabelle auf Seite 95, so erkennt man, daß die alten Kolonialbanken weit zurückgeblieben sind, und daß nur die Bank von Guyane mit ihren 16,07 % Durchschnittsdividende den hohen Ertrag der Aktien der Bank von Indochina ungefähr erreicht.

17,73 % sind wirklich ein gutes Äquivalent für das große Risiko einer kolonialen Bank. Zu danken ist dies Ergebnis neben verschiedenen oben berührten wirtschaftlichen Umständen vor allem der vorsichtigen und zugleich energischen Bankleitung, welche alle Mittel und Kapitalien der Bank zur vollen Verwendung und Ausnutzung gebracht hat.

Zieht man noch die Verdienste in Betracht, welche die Bank sich um die Entwickelung des französischen Kolonialbesitzes im fernen Osten erworben hat, so kommt man zu dem Schlusse, daß die Bank die hohen Erwartungen, die man an die Gründung dieses kolonialen Bankunternehmens knüpfte, vollauf erfüllt und nebenbei noch ihren Aktionären glänzende Gewinne verschafft hat.

Dritter Abschnitt.

DIE BANK VON WESTAFRIKA.

Die Erfolge der Bank von Indochina sind augenscheinliche; es wird deshalb von Interesse sein, das Schicksal der Bank von Westafrika kennen zu lernen, da sie ähnlich organisiert ist, wie die Bank von Indochina.

Eine Generalversammlung der Bank von Sénégal vom 25. II. 1901 hatte beschlossen, daß im Interesse der Entwickelung des Handels an der westafrikanischen Küste die Bank von Sénégal liquidieren und sich fusionieren sollte mit einer neu zu gründenden Bank, die nach dem Vorbilde der Bank von Indochina organisiert wäre.[1]) Noch im selben Jahre ward eine neue Bank unter dem Namen Bank von Westafrika ins Leben gerufen.

[1]) Journal officiel vom 26. VII. 1902.

1. Kapitel.

§ 30.

GRÜNDUNG DER BANK.

Durch Dekret vom 29. VI. 1901 wurde nun eine Bank von Westafrika gegründet, die sofort, d. h. vom 1. VII. 01 ab, die Geschäfte der liquidierten Bank von Sénégal übernahm.

Die neue Bank ist eine Noten-, Diskont- und Darlehensbank und hat den Zweck, alle ihr durch die Statuten erlaubten Geschäfte in den französischen Besitzungen wie in den fremden Ländern der westafrikanischen Küste zu treiben. Die Dauer der Bank ist auf 20 Jahre festgesetzt; doch kann im Laufe des Jahres 1911 ein Dekret der Bank das Notenprivileg zum 1.I.1912 entziehen.[1])

Das Kapital der Bank war ursprünglich auf 1,5 Millionen fr. festgesetzt und zerfiel in 3000 Aktien à 500 fr.[2]) Die Einzahlungen auf 1800 dieser Aktien erfolgten durch Apports der Aktiva der liquidierten Bank von Sénégal, welche auf 900 000 fr. gewertet wurden; die Einzahlungen auf die übrigen 1200 Aktien waren in bar zu bewirken, doch wurden zuerst nur 125 fr. pro Aktie eingefordert. 1904 erhöhte ein Dekret das Bankkapital nominell auf 5 895 000 fr. = 11 790 Aktien à 500 fr., von denen 70 Aktien voll eingelöst und 11 720 Aktien nur zu $^{1}/_{4}$ eingelöst wurden. In Wirklichkeit fand somit keine Kapitalerhöhung statt.

Das Grundkapital der Bank kann auch fernerhin erhöht werden durch Generalversammlungsbeschluß nach Genehmigung des Kolonialministers. Bei allen Kapitalerhöhungen, die in Form von apports en espèces erfolgen, haben die alten Aktien ein Vorbezugsrecht auf die neuen Aktien.

Die Aktien sind bis zu ihrer völligen Einlösung Namenaktien, nach ihrer Einlösung können sie auch Inhaberaktien sein.

---

[1]) Dekret 1901, Art. 1, 2.

[2]) Statuten 1901, Art. 4/5.

Die Bank von Westafrika untersteht dem régime de décrets, indem nur durch Dekret ihre Verfassung und Statuten geändert sowie Bankstellen neu errichtet oder beseitigt werden können.[1])

2. Kapitel.

§ 31.

VERFASSUNG UND GESCHÄFTE DER BANK.

Die Bank von Westafrika hat, wie schon erwähnt, das Notenprivileg in allen französischen Kolonien und Protektoraten Westafrikas. Stückelung und Zahlungskraft der Noten sowie die Höhe des Notenumlaufs sind ähnlich wie bei der Bank von Indochina geregelt; doch gibt die Bank von Westafrika Noten von 50 fr. aus statt solcher von 20 fr., daneben auch noch 25 fr.-Noten; ferner besitzt sie nicht das Recht, Noten in fremder Währung auszugeben.

Wie die meisten Kolonialbanken, darf die Bank von Westafrika Erntedarlehen unter den uns bekannten Bedingungen gewähren. Wir können überhaupt hier auf das über die Bank von Indochina Gesagte verweisen und uns begnügen, die Punkte hervorzuheben, in denen beide Banken voneinander abweichen.

Die Verfallzeit der Wechsel und Anweisungen, welche die Bank von Westafrika kauft, begibt oder diskontiert, darf höchstens 180 Tage betragen[3]) — bei der Bank von Indochina zumeist nur 120 Tage.[4])

Bezüglich der Warenlombardgeschäfte und der Vorschüsse auf Konossemente ist zu bemerken, daß die der Bank von Indochina eingeräumten, auf S. 116 erwähnten Erleichterungen nicht auch für die Bank von Westafrika gelten. Dagegen darf die Bank von Westafrika ihre eigenen Aktien beleihen bis zu $^3/_5$ ihres nach den Notierungen der letzten 6 Monate festgestellten mittleren Wertes. Sie kann auch in Paris Geschäfte machen, darf teilnehmen an französischen und fremden Staatsanleihen und

---

[1]) Dekret 1901 Art. 5.

[2]) Dekret 1901, Art. 3, 4, 6.

[3]) Statuten Art. 16.

[4]) Vgl. oben S. 114.

sich beteiligen an der Gründung von finanziellen, industriellen und kommerziellen Unternehmungen mit lokalem Gegenstande — aber höchstens bis zur Hälfte ihrer Reserven.[1])

Außer ihrem Sitz in Paris besitzt die Bank 3 Filialen: St. Louis (Sénégal), Conacry (Guinée) und Porto Novo (Dahomé) und 3 Geschäftsstellen: Dacar, Rufisque und Monrovia, von denen die beiden ersten in Sénégal gelegen und von der Filiale St. Louis abhängig sind. Im ganzen zählt die Bank 7 Niederlassungen. Sie kann von der französischen Regierung gezwungen werden, neue Bankstellen zu errichten „in den Ländern, auf die sich ihre Geschäfte beziehen", d. h. in Westafrika. Sie hat auf Verlangen für den französischen Staat das Amt eines Schatzmeisters zu übernehmen in den französisch-westafrikanischen Besitzungen, in denen sie Filialen unterhält.[2])

Die Leitung der Bank liegt wie bei der Bank von Indochina einem Verwaltungsrat ob. Er besteht aus 5—8 Mitgliedern, die sämtlich Franzosen und Eigner von mindestens 40 Aktien sein müssen. Sie werden auf 5 Jahre von der Generalversammlung gewählt.

Auch bei der Bank von Westafrika hat der Verwaltungsrat prinzipiell alle Rechte und Befugnisse,[3]) und die Direktoren sind seine Untergebenen.

Die Vertretung der Aktionäre auf der Generalversammlung ist wie bei den alten Kolonialbanken geregelt. Die Generalversammlung besteht aus allen Aktionären, die seit 6 Monaten mindestens 10 Aktien besitzen. Doch können Eigner von weniger als 10 Aktien, die zusammen 10 Aktien besitzen, sich durch einen von ihnen vertreten lassen.[4])

Die Staatsaufsicht wird ausgeübt durch den Regierungskommissar, respektive Verwaltungszensor, den fakultativen Inspektor und die allen Kolonialbanken gemeinsame Überwachungskommission.

---

[1]) Statuten Art. 16.
[2]) Dekret 1901 Art. 13.
[3]) Statuten Art. 47/62.
[4]) Vergl. Art. 36/46.

3. Kapitel.

§ 32.

DIE ENTWICKLUNG DER BANK.

Die Bank von Westafrika besteht erst seit 6 Jahren. Doch läßt sich schon einiges über ihre Tätigkeit sagen. Auch diese nach dem Typus der Bank von Indochina geschaffene Kolonialbank zeichnet sich durch eine vorsichtige Bankleitung aus. Dies kommt besonders darin zum Ausdruck, daß regelmäßig ein Teil des Reingewinns, der als Dividende verteilt werden könnte, zur Verstärkung der Reserve verwendet wird. Nach fünf Jahren beträgt diese 311 209 fr. Die Bank will lieber bescheidene aber stetige, als hohe aber schwankende Dividenden zahlen. In den ersten vier Jahren kamen: 5 %, 5 %, 6 % und 6 % zur Ausschüttung.

Die Diskont- und Darlehensgeschäfte der Bank bewegen sich noch in mäßigen Grenzen; sie betrugen zusammen ca. 2 Millionen fr., woran die Diskontgeschäfte den größten Anteil haben. Bemerkenswert ist die Entwicklung der Warenlombardgeschäfte, welche bei der Bank von Sénégal eine ganz untergeordnete Rolle gespielt hatten. Dagegen hat die Bank noch keine Erntedarlehen gewährt. Ferner zeigen die Kontokorrentziffern eine starke und steigende Aufwärtsbewegung. Während die Kontokorrenteinzahlungen der Bank von Sénégal im Maximum 3 Millionen fr. betrugen, stiegen sie bei der Bank von Westafrika von 6,7 Millionen (1901/2) auf 26,4 Millionen fr. (1904/5) und ließen einen solde créditeur zugunsten der Bankkunden von 2 269 657 fr. Das ist ein gutes Zeichen für den Kredit der Bank.

Auch der Notenumlauf, der fast 7 Mill. fr. (30. VI. 1906) erreicht, weist eine starke Zunahme auf. Dabei besitzt die Bank einen starken Metallbestand in Höhe von 3 433 704 fr. (30. VI. 06).

Die Wechselgeschäfte haben seit Gründung der Bank einen bedeutenden Aufschwung genommen; sie betrugen 1904/5 19,2 Millionen fr. und ergaben einen kleinen Überschuß der émissions über die remises.

Trotzdem die Bank ihren Sitz in Paris hat und dort keinen Vertreter benötigt, unterhält sie doch Beziehungen mit dem Nationalen Diskontkontor in Paris. Das Geschäftsjahr 1905/06 schloß mit einem solde créditeur von 1 528 401 fr. zugunsten der Bank von Westafrika.

Wenn wir diesen Angaben noch hinzufügen, daß die Bank von Westafrika den kolonialen Kredit noch etwas verbilligt hat gegenüber der Bank von Sénégal, so wird klar, daß damit in sechs Jahren alles geschehen ist, was billigerweise erwartet werden konnte. Die Bank hat gute Zukunftsaussichten.

DRITTES BUCH.

DIE BANK VON ALGERIEN.

1. Kapitel.

§ 33.

ERRICHTUNG UND VERFASSUNG DER BANK.

Wir haben jetzt noch eine Kolonialbank zu betrachten, welcher manche Schriftsteller die Eigenschaft als Kolonialbank abgesprochen haben, nämlich die Bank von Algerien. Algerien sei eine bloße Fortsetzung des Mutterlandes Frankreich und habe sich in bezug auf seine wirtschaftlichen Verhältnisse dem Mutterlande schon so sehr angepaßt, daß auch die Bank von Algerien in ihrer inneren Struktur sich nicht mehr sonderlich von der Bank von Frankreich unterscheide.[1] Trotzdem rechnen wir die Bank von Algerien noch zu den Kolonialbanken gemäß der auf Seite 2 gegebenen Definition, da sie einerseits in einer Kolonie errichtet ist und dort arbeitet, und andererseits in der Kolonie das Notenprivileg besitzt.

Ende der 40er Jahre machte sich in Algerien das Bedürfnis nach einer Bank geltend. Die zu gründende Bank sollte sowohl die Vorzüge der Bank von Frankreich, wie diejenigen der nationalen Kontore, die 1848 während der schwersten Krisenzeiten geschaffen waren und Algerien ausgezeichnete Dienste geleistet hatten, in sich vereinigen. Man entschloß sich aber schließlich, nicht eine Filiale der Bank von Frankreich, sondern eine selbständige Bank mit dem Sitze in Algier zu gründen. Das geschah durch Gesetz vom 4. VIII. 1851. Ein Gesetz vom

---

[1]) Denizet, a. a. O. S. 27.

13. VIII. 1853 regelte das Verhältnis der Bank und ihrer Filialen, von denen bis 1900 fünf entstanden sind. 1900 wurde der Sitz der Bank von Algerien von Algier nach Paris verlegt und Algier sank zu einer bloßen Filiale herab. 1904 wurde in Tunis eine (7.) Filiale der Bank errichtet. Dies geschah in Ausübung eines der Bank von Algerien 1900 verliehenen Rechts nicht nur in Algerien, sondern auch in den anderen französischen Kolonien und Protektoraten (Nord) Afrikas, Niederlassungen gründen und Noten ausgeben zu dürfen. Auch die französische Regierung kann bis zum 31. XII. 1905 die Gründung von vier neuen Filialen seitens der Bank von Algerien verlangen.

Die Bank von Algerien ist mit Hilfe des Staates errichtet worden, indem dieser von dem Anfangskapital der Bank (3 Millionen fr.) 1 Million fr. vorschoß und sich nur deren Verzinsung (zu 3 %) und Rückzahlung nach drei Jahren ausbedang. Das Kapital der Bank wurde 1861 auf 10 Millionen fr. erhöht und beträgt seit 1880 20 Millionen fr.

Das Bankprivileg wurde ursprünglich nur auf 20 Jahre erteilt, dann aber immer wieder verlängert, zuletzt im Jahre 1900 bis zum 31. XII. 1920.

Das Hauptvorrecht der Bank von Algerien ist das alleinige Recht zur Ausgabe von Noten in Beträgen von 1000, 500, 100, 50 und seit 1872 auch von 20 und 5 fr. 1880 wurden die 5 fr.-Noten wieder beseitigt. Die Noten hatten anfangs weder Zwangskurs noch Kassenkurs. Während der Krise von 1870, von der auch Algerien in Mitleidenschaft gezogen wurde, erhielten sie ebenso wie die Noten der Bank von Frankreich Zwangskurs, d. h. die Noten wurden gesetzliches Zahlungsmittel, und die Bank ward von ihrer Einlösungspflicht entbunden. Der Zwangskurs der Noten wurde erst durch Gesetz vom 4. IV. 1880 beseitigt. Dieses Gesetz legte den Noten der Bank von Algerien gesetzliche Zahlungskraft bei, d. h. die Noten sind gesetzliches Zahlungsmittel, aber nur solange die Bank ihre Einlösungspflicht erfüllt.[1]) Bei dieser Regelung ist es seitdem geblieben.

---

[1]) Vgl. oben S. 30.

Der Notenumlauf war zuerst durch zwei Bestimmungen begrenzt worden. Erstens sollte der Notenumlauf zusammen mit den sonstigen Schulden der Bank nie das dreifache des Metallbestandes der Bank übersteigen dürfen, und zweitens sollte der Überschuß der Passiva der Bank über ihren Metallvorrat nie größer sein als der dreifache Betrag des eingezahlten Bankkapitals.[1])

Diese letzte Bestimmung, welche sich als unzweckmäßig erwies, wurde 1880 aufgehoben. 1900 wurde die ganze Frage im Art. 2 des Gesetzes in folgender Weise neu geregelt: die Notenausgabe der Bank hat sich in solchen Grenzen zu halten, daß die Bank mittelst ihres Metallvorrats und der sofort fälligen Papiere ihres Portefeuilles jederzeit imstande ist, ihre Zahlungsverpflichtungen unverzüglich zu erfüllen. Doch darf der Notenumlauf nie 150 Millionen fr. übersteigen.

Das zweite Privileg, das wir bei den Kolonialbanken kennen lernten: die unter besonderer Vergünstigung für die Bank erfolgenden Erntedarlehen, ist der Bank von Algerien von Anfang an versagt geblieben. Es wäre verkehrt, in diesen prêts sur récolte ein Kriterium für die Kolonialbanken sehen zu wollen. Denn dann gehörten die Banken von Guyane, Sénégal und Westafrika nicht zu den Kolonialbanken. Viel wesentlicher ist die Verfassung und die Geschäftsmethoden der Bank, und diese zeigen eine unverkennbare Verwandtschaft mit den übrigen Kolonialbanken. Auch die Bank von Algerien darf nur die Geschäfte treiben, die ihr durch die Statuten erlaubt sind.[2]) In der Hauptsache handelt es sich um Diskontierung von Wechseln, um Darlehen gegen Hinterlegung von Waren, öffentlichen Schuldbriefen und gewissen anderen Wertpapieren oder von gemünztem und ungemünztem Gold und Silber, sowie um die Ausgabe von Wechseln, Anweisungen, Schecks und Noten. Auch das Kontokorrent- und Inkassogeschäft des regulären Bankbetriebs wäre hier zu nennen. Die Wechsel brauchen nur zwei Unterschriften zu tragen, von denen die eine noch durch bestimmte Pfänder ersetzt werden kann. Ihre Verfallzeit muß bestimmt sein (damit sind alle Sicht-

[1]) Gesetz 4. VIII. 1851, Art. 6.

[2]) Statuten 1900, Art. 10.

und Nach-Sichtwechsel ausgeschlossen) und darf 100 Tage nicht übersteigen — lauter Abweichungen von den Regeln der Bank von Frankreich. Die Bank von Algerien darf für gewöhnlich keine verzinsliche Depositen annehmen — das erinnert umgekehrt an die alten Kolonialbanken. $^1/_3$ des Reingewinnes der Bank ist halbjährlich der Reserve zuzuschreiben, bis diese $^1/_3$ des eingezahlten Kapitals erreicht. Diese starke Reservebildung war ja auch für die übrigen Kolonialbanken charakteristisch. Im Gegensatz zu den Banken von Indochina und von Westafrika wurde es der Bank von Algerien, als sie ihren Sitz nach Paris verlegte, nicht erlaubt, dort Diskont-, Darlehens- und Kontokorrentgeschäfte zu machen.[1]) Die Bank von Algerien sollte eben eine reine Kolonialbank bleiben, d. h. nur in der Kolonie arbeiten.

Über die Verfassung der Bank sei noch kurz folgendes festgestellt: Die Bankleitung liegt einem Verwaltungsrate ob, bestehend aus 1 Direktor, 1 Unterdirektor, 9 Verwaltern und 3 Zensoren. Die Verwalter und Zensoren werden durch die Generalversammlung der Aktionäre gewählt; der Direktor durch den Präsidenten der französischen Republik auf Vorschlag des Finanzministers, der Unterdirektor durch den Finanzminister selbst ernannt. Da der Direktor die übrigen Bankbeamten ernennt und entläßt, hat er dem Verwaltungsrat gegenüber eine ähnlich unabhängige Stellung wie die Direktoren der alten Kolonialbanken.

Bemerkenswert ist noch, daß neben dem oben erwähnten Verwaltungsrate in Paris auch bei jeder Filiale ein besonderer Verwaltungsrat geschaffen ist, der aus 1 Direktor, 6—9 Verwaltern und 3 Zensoren besteht. Er erhält seine Weisungen von dem Verwaltungsrate in Paris, handelt aber sonst frei und unter eigener Verantwortung. Auch der Direktor einer Filiale wird durch den Finanzminister aber auf Vorschlag des Direktors der Bank von Algerien ernannt.

Auf der Generalversammlung hat jeder Aktionär Stimmrecht, der seit vier Monaten mindestens 10 Aktien zu eigen hat.

Ein Vergleich der Bank von Algerien mit der Bank von

[1]) Art. 12 der Statuten von 1900.

Frankreich würde ergeben, daß theoretisch der Unterschied zwischen beiden nicht mehr allzu groß ist. Praktisch ist er trotzdem vorhanden. Er hat sich trotz einer mehr als 50jährigen Bankentwicklung noch nicht verwischt. Auch 1900 mußte der seit 1880 ständig erneuerte Antrag auf Fusion der Bank von Algerien mit der Bank von Frankreich noch abgelehnt werden auf Grund der großen wirtschaftlichen Verschiedenheit zwischen Frankreich und Algerien. Diese Tatsache gibt uns ein Recht, zwischen beiden Banken einen deutlichen Strich zu ziehen. Die folgende Darstellung der Entwicklung der Bank von Algerien wird Aufschluß darüber geben, ob die Bank mehr von der Bank von Frankreich oder von den Kolonialbanken an sich hat.

2. Kapitel.

§ 34.

DIE ENTWICKLUNG DER BANK VON ALGERIEN.

Die erste Tat der Bank war, daß sie den in den 40er Jahren des vorigen Jahrhunderts in Algerien stark verbreiteten Umlauf spanischer Piaster durch ihre Noten ersetzte und dadurch die französische Währung einführen half. Trotz finanzieller Zusammenbrüche infolge des Araberaufstandes, trotz Cholera, Erdbeben, Dürre und Hungersnot nahm die Bank eine günstige Entwicklung; sie dankte dies ihrer guten Leitung, welche vor allem auf kurze Verfallzeit der Wechsel ihres Portefeuilles und auf Verteilung des Risikos bedacht war. Von 1881 ab machte die Bank, der öffentlichen Meinung nachgebend, Geschäfte, die sich eher für einen Crédit foncier als für eine Notenbank eigneten. Die glänzenden Ergebnisse in den ersten Jahren dieser neuen Geschäftsperiode täuschte hinweg über die Übertreibungen, die sich die Bank in ihrer Kreditgewährung zuschulden kommen ließ. Die Agrarkreditgeschäfte der Bank führten zu anhaltender Immobilisierung des Bankkapitals durch irreguläre Diskontgeschäfte.[1]) Die Folge war, daß die Diskontgeschäfte bis 1895

[1]) Es wurden Grundstücke als Pfand gegeben und bei Zahlungsunfähigkeit des Schuldners notgedrungen von der Bank zu Eigentum erworben.

stationär blieben zwischen 400 und 460 Millionen fr. Bei Erneuerung des Bankprivilegs 1897 hatte die Bank einen Grundbesitz im Werte von 10 Millionen fr., einen immobilisierten Wechselbestand von 9,4 Millionen fr. und außerdem noch Außenstände von 8,4 Millionen fr. Um die Erneuerung ihres Notenprivilegs zu erhalten, mußte die Bank ihren Grundbesitz, der bislang glänzende Erträge geliefert hatte, für 8 Millionen fr., d. h. unter Verlust von 2 Millionen fr. an eine neugebildete Société domaniale algérienne abtreten und ihre ganzen Außenstände nebst den immobilisierten Wechseln ihres Portefeuilles ins Verlustkonto setzen. Diese Maßnahmen zehrten die ganze Reserve der Bank auf, die noch 1898 (31. X.) ca. 18 Millionen fr. betragen hatte. Aber Wechselportefeuille und Bilanz wurden frei von statutenwidrigen Werten. Eine vorsichtige, aber geschickte Bankleitung hat es in den darauf folgenden 6 Jahren zuwege gebracht, daß durch Zuwendung eines Teils des eigentlich als Dividende zu verteilenden Gewinns der Reservefonds am 31. X. 1906 bereits wieder 13 Millionen fr. überstieg. 1904/5 wurden von der Bank für 781 464 747 fr. Wechsel diskontiert gegen 477 400 000 fr. im Durchschnitt der letzten 10 Jahre.[1]) Diese Diskontgeschäfte waren das Hauptgeschäft der Bank, neben dem die eigentlichen Darlehensgeschäfte geringe Bedeutung hatten. Der Notenumlauf betrug 1906 (31. X.) 126 271 480 fr. bei einem Metallbestande von 50 877 357 fr. 1904/5 erzielte die Bank mit einem Kapital von 20 Millionen fr. einen Reingewinn von 2,9 Millionen fr.

Auch der Bank von Algerien fiel wie den anderen Kolonialbanken die bedeutsame Aufgabe zu, die Wechselkurse zu regulieren. Das war nicht leicht, weil Algerien meist eine passive Handelsbilanz aufwies. Sein Budget schloß in der Regel mit einem Ausgabenüberschuß von 50—60 Millionen fr., der durch Anweisungen auf das französische Schatzamt in Paris gedeckt wurde. Bei dem Rimessenmangel kam es dem Handel in Algerien sehr zu statten, daß er von dem kolonialen Schatz-

[1]) Vergl. Berichte des Verwaltungsrates der B. v. A. im Economiste français.

amt in Algier Anweisungen auf Paris erhalten konnte. Ihren Gegenwert zahlte er dafür bei der Bank von Algerien, welche die Kassengeschäfte des kolonialen Schatzamts führte, in bar ein. Die vom Handel für die Rimessen bei der Bank eingezahlten Summen tilgten das oben erwähnte Defizit der Kolonie, indem sie das Guthaben der Kolonie bei der Bank verstärkten. Auf Grund dieses Bankguthabens hätte der französische Staat die Bank verpflichten können, dem Handel jederzeit und unentgeltlich Rimessen auf Frankreich zu liefern. Man begnügte sich aber 1900 mit der halben Maßregel, die Bank zu bestimmen, in Algier, Oran, Bône und Philippeville ihre Noten bis zum Betrage von 1000 fr. jeder Person, die ihre Abreise nach Frankreich nachweist, auf Verlangen gegen Noten der Bank von Frankreich zum Parikurse einzutauschen.[1]) Da der französische Finanzminister schon 1899 angeordnet hat, daß die Anweisungen auf das Schatzamt in Paris ohne Prämie oder höchstens unter Abzug einer proportionellen Stempelgebühr abgegeben werden sollen, so beträgt, so lange die Bank solche Anweisungen abgibt, der Maximalwechselkurs für Rimessen auf Frankreich, die gewöhnlich 6 Tage nach Ausstellung fällig sind, 3°/₀, das ist der Betrag der Stempelgebühr.

Manche hatten gehofft, den Wechselkurs zwischen Frankreich und Algerien ganz beseitigen zu können durch Errichtung einer Filiale der Bank von Frankreich in Algier. Aber die Erfahrung hat gelehrt, daß die Eingeborenen in Algerien die Noten der Bank von Algerien nur deshalb in Zahlung nehmen, weil sie gewisse arabische Zeichen und Merkmale tragen, die es den Eingeborenen ermöglichen, den Wert der Noten zu erkennen. Die Noten der Bank von Frankreich wurden, wenn überhaupt, nur gegen ein Disagio genommen. Wenn die Bank von Frankreich nun für ihre eine zeitlang projektierte Filiale in Algier besondere Noten mit arabischen Zeichen ausgegeben hätte, so würden diese ohne weiteres ein Agio gegenüber ihren nur für den Gebrauch im Mutterlande bestimmten Noten erzielt haben.[2])

[1]) Parlamentarischer Bericht von Moigne a. a. O.

[2]) Brice, Parlam. Bericht 1879, a. a. O.

Eine Filiale in Algier würde die Bank von Frankreich zwingen, zu gewissen Zeiten Geld von Frankreich nach Algerien zu senden, zu anderen Zeiten es wieder nach Frankreich zurückzuschicken, um es nicht unproduktiv in Algerien liegen zu lassen. Die Kosten der Bargeldsendungen hätten eine Ergänzungsprovision oder eine Erhöhung des Diskontsatzes zur Folge, und der Wechselkurs zwischen Frankreich und Algerien wäre in anderer Form doch da. Also eine Umwandlung der Bank von Algerien in eine Filiale der Bank von Frankreich hätte nicht den erwarteten Erfolg gehabt. Gegen eine Fusion der beiden Banken sprach auch noch, daß es der Bank von Frankreich im Interesse der Einlösbarkeit ihrer Noten auch 1900 noch nicht möglich war, dem Handel in Algerien dieselben Erleichterungen und Vergünstigungen zu gewähren, wie die Bank von Algerien, die z. B. nur 2 Unterschriften auf den Wechseln verlangt, 100 Tage Wechsellaufzeit gestattet und daneben ein weit verzweigtes Netz von Filialen und Hilfskassen hat. Insbesondere würde die von der Bank von Frankreich verlangte 3. Unterschrift dem Handel in Algerien große Schwierigkeit machen und jedenfalls den Diskontsatz erhöhen. Und damit wäre ein Vorteil der vorgeschlagenen Fusion, den Handel in Algerien an dem niedrigen Diskont der Bank von Frankreich teilnehmen zu lassen, illusorisch gemacht. Es verdient übrigens hervorgehoben zu werden, daß die Bank von Algerien seit 1902 zu 4 % diskontiert, also zu einem mäßigen und wenig lästigen Satze. Aus allen diesen Gründen sah man 1900 davon ab, die beiden in Frage stehenden Banken zu vereinigen. Man hat aber das Notenprivileg beider Banken übereinstimmend nur bis zum 31. Dezember 1920 verlängert. Falls der französische Staat dann eine Fusion für nötig hält, hat er ein Machtmittel in der Hand, um seinen Willen den Banken aufzuzwingen. Denn ohne Notenprivileg sind beide Banken nicht existenzfähig.

1851 bei ihrer Gründung erhielt die Bank von Algerien einen Staatsvorschuß von 1 Million fr., der aber schon nach 3 Jahren zurückgezahlt wurde. 1871 hat umgekehrt die Bank dem französischen Staate ein Darlehen von 12 Millionen fr. gewährt. Seit 1900 sind ihr dem Staate gegenüber neue, ziemlich bedeutende Leistungen auferlegt. Dazu gehört erstens eine jährliche Abgabe an den Staat von 200 000 fr., die von 1906 ab auf 250 000 fr. und von 1913 ab auf 300 000 fr. steigt; sodann ein einmaliges zinsloses Darlehen von 3 Millionen fr. für die Dauer des Privilegs der Bank. Darlehen und jährliche Abgabe sollen zur Gründung einer Agrarbank in Algerien dienen und die Entwickelung der Bank von Algerien zu einer reinen Handelsbank in die Wege leiten.[1])

Neben diesen Leistungen an den Staat muß die Bank noch verschiedene fest benannte Geschäfte des französischen Schatzamts in Algerien unentgeltlich besorgen.[2]) In dieser Aufgabe berührt sie sich mit der Bank von Indochina. Auch sonst konnten wir bislang auf manches hinweisen, was sie mit allen Kolonialbanken gemeinsam hat. Aber im Ganzen fällt die Bank von Algerien doch etwas aus dem Rahmen einer Kolonialbank heraus; sie bildet schon eine Übergangsstufe zwischen den Kolonialbanken und den Banken des Mutterlandes (Kontinentalbanken). Dieser Umstand rechtfertigt es wohl zur Genüge, daß wir die Bank von Algerien, wie eingangs dieser Arbeit versprochen, von allen Kolonialbanken zuletzt und nicht zuerst behandelt haben.

---

[1]) Gesetz vom 5. VII. 1900 Art. 5/6.
[2]) Gesetz vom 5. VII. 1900 Art. 7—9.

VIERTES BUCH.

VERGLEICH DER KOLONIALBANKEN MIT ANDEREN BANKEN SOWIE DER KOLONIALBANKEN UNTEREINANDER.

1. Kapitel.

IHR VERGLEICH MIT ANDEREN BANKEN.

Die Reihe der französischen Kolonialbanken ist mit der Bank von Algerien geschlossen. Es gilt nunmehr auf Grund des vorgebrachten Materials, das Wesen der Kolonialbanken im Gegensatze zu unseren Kontinentalbanken zu erfassen und darzustellen.

Dabei werden noch einmal alle Eigentümlichkeiten und Sonderheiten kurz festzustellen sein, denen wir bei Besprechung der 9 Kolonialbanken begegnet sind, auch wenn sie nicht allen 9 Kolonialbanken gemeinsam sein sollten.

§ 35.

I. Alle Kolonialbanken haben das Notenprivileg, das sie nicht entbehren können, wenn sie erfolgreich wirken sollen.

Dies unterscheidet sie bereits von den vielen Banken, die nicht privilegierte Notenbanken sind.

II. Allen Kolonialbanken ist nur ein fest umgrenzter Kreis von Geschäften gestattet. Einer solchen Beschränkung unterliegen unsere Notenbanken auch. Wichtig ist aber die Feststellung, daß diese Begrenzung bei den Kolonialbanken kein gesetzgeberischer Willkürakt ist, sondern noch mehr als bei den anderen Notenbanken mit Notwendigkeit aus dem Charakter und Zweck der Kolonialbanken entspringt. Das große Risiko, das den Kolonialbanken infolge der besonderen Verhältnisse aus fast jedem wichtigeren Geschäft erwächst oder doch erwachsen kann, macht es dem Gesetzgeber zur Pflicht, den Kolonialbanken alle im eigentlichen Sinne spekulativen Geschäfte, z. B. die Beleihung von Land, Häusern, Schiffen oder den Handel mit Schiffen oder Waren[1]) zu verbieten.

Daß der Geschäftskreis der Kolonialbanken beschränkt wurde, ist festgestellt, desgleichen weshalb dies geschah. Noch bedeutsamer ist es zu ergründen, in welcher Weise die Kolonialbanktätigkeit eingeengt wurde und auf welche Geschäfte die Kolonialbanken sich notgedrungen konzentrieren mußten. Zugleich mit den ihnen eigentümlichen Geschäften sind auch noch die besonderen Geschäftsmethoden, die sich bei den Kolonialbanken entwickelt haben, kurz zu streifen.

§ 36.

DIE DEN KOLONIALBANKEN EIGENTÜMLICHEN GESCHÄFTE UND GESCHÄFTSMETHODEN.

III. Bei keiner der zahlreichen französischen Banken des Mutterlandes finden sich die prêts sur récolte. Sie sind eine bemerkenswerte Schöpfung und Einrichtung des Kolonialkredits, die der französische Gesetzgeber bislang vergeblich im Mutterlande einzuführen versucht hat. Wenngleich die Russische Reichsbank ähnliche Darlehen gewährt, indem sie eingeernteten Weizen bis zu 75 % seines Verkaufswertes und noch nicht eingeernteten Weizen und Stroh bis zu 40 % seines Werts beleiht, so scheint doch der Mißerfolg aller auf Einführung der Erntedarlehen in Frankreich gerichteten Bestrebungen zu zeigen, daß für diese Form des landwirtschaftlichen Kredits in kultivierten Ländern das Bedürfnis fehlt. Damit wäre aber der Beweis erbracht, daß die prêts sur récolte eine spezifisch koloniale Kreditform und somit ein naturale, wenn auch kein essentiale der Kolonialbanken sind.

Neben den Erntedarlehen ist die Diskontierung von Wechseln mit nur 2 Unterschriften für die Kolonialbanken

[1]) Nur der Handel mit Gold, Silber, Kupfer und Edelsteinen war erlaubt.

sehr bezeichnend. Denn niemand wird auf die Sicherheit, welche die 3. Unterschrift bietet, verzichten, wenn er diese Sicherheit unschwer erlangen kann. Aber gerade die Unmöglichkeit, eine 3. Unterschrift regelmäßig — nicht bloß ausnahmsweise — aufzutreiben, wird in neuen Ländern, die noch wenig entwickelten Handel und Verkehr haben, die Banken zwingen, sich — der Not gehorchend, nicht dem eigenen Triebe — mit 2 Unterschriften zu begnügen.

Den Kolonialbanken eigentümlich sind auch die sogenannten Aktiendarlehen. Sie finden sich nur in Gegenden, deren Bewohner neben ihren Aktien nicht viele andere Gegenstände des Realkredits besitzen. Charakteristisch ist nicht die Verpfändung von Aktien überhaupt, sondern von Aktien der ausleihenden Bank. Diese Eigentümlichkeit erklärt sich aus dem Gegenseitigkeitsverhältnis, das zwischen Aktionären und Kunden der Kolonialbanken bestand, indem fast jeder Aktionär auch Kunde der Bank war.

Darlehen auf Gegenstände von Gold und Silber sind auch bei den Kontinentalbanken üblich. Dagegen werden Gegenstände von Kupfer und Nickel, sowie Edelsteine nur von Kolonialbanken beliehen. Der oft schon betonte Sparkassencharakter dieser Art Darlehen ist weniger störend bei einer Kolonialbank als bei einer Kontinentalbank, und zwar aus dem Grunde, weil in der Kolonie der Geldumlauf langsamer geht als in den Kulturländern. Das hat zwei Folgen: die diskontierten Wechsel bleiben bis zur Verfallzeit in der Hand der Bank, sie zirkulieren nicht, es sei denn, daß sie auf das Ausland lauten. Die Wechsel sind also Kreditmittel, aber kein Zahlungsmittel. Zweitens mußte die Verfallzeit der Wechsel in den Kolonien erhöht werden, nominell auf 4—6 Monate, tatsächlich auf 8 Monate. Diese hohen Fristen waren nur deshalb nötig, weil beim Diskont der Kolonialbanken kein Unterschied zwischen Pflanzer und Kaufmann gemacht wurde, obgleich doch offenbar der Pflanzer seine Kapitalien auf längere Zeit festlegt und dementsprechend längere Kredite braucht, als der Kaufmann.

Erwähnenswert ist hier ferner, daß die Kolonialbanken den

verschiedenen Formen des Realkredits vor den Diskontgeschäften entschieden den Vorzug gaben. Dies kam darin zum Ausdruck, daß sie den Lombardzinsfuß stets niedriger ansetzten als den Diskontsatz. Bei unseren Kontinentalbanken ist umgekehrt der Lombardzins meist 1 % höher als der Diskontsatz. Die Kolonialbanken haben für ihre Handlungsweise triftige Gründe. In den Kolonien, wo es neben Europäern so manche andere Bankkunden gibt, deren Begriffe vom Kredit recht unentwickelt und unklar sind, bieten die Pfänder tatsächlich eine größere Sicherheit als die Persönlichkeit des Schuldners. Dazu kommt, daß es sich bei den Eingeborenen und den Kolonisten meist um Leute handelt, die selbst wenig oder gar keine Kapitalien haben, sondern sich solche erst erwerben wollen. Alles dies liegt in einem Kulturlande gerade umgekehrt, sodaß unsere Banken bei gleicher Sicherheit der Diskontgeschäfte gegenüber den Lombardgeschäften jenen wegen ihrer Bequemlichkeit und rascheren Realisierbarkeit den Vorzug geben.

Zu den besonderen Geschäftsmethoden der Kolonialbanken gehört ferner die starke Reservebildung, welche notwendig ist bei dem großen Risiko, das die Kolonialbanken laufen, sodann die Anlegung von Kapital und Reserven in Rentenbriefen, d. h. die Umwandlung ihres Grundkapitals aus einem Betriebskapital in ein Garantiekapital. Nicht überall ist es wie bei der Bank von Algerien Pflicht der Bank, ihr Kapital in Rentenbriefen anzulegen. Aber überall ist dies mehr oder weniger streng beobachteter Brauch, von dem höchstens die Bank von Indochina abgeht. Bei ihr hat das Konto Rentes d'Etat mehr den finanziellen Zweck, die Einnahmen der Bank zu erhöhen und weniger die Bedeutung, die Bezahlung der Bankverbindlichkeiten zu sichern.

Die Geschäftstätigkeit der Kolonialbanken wird in besonderer Weise beeinflußt durch ihre Aufgabe, sowohl den inneren Geldumlauf der Kolonie als auch die Wechselkurse zu regulieren. Wir erinnern an die großen und häufigen Geldsendungen, welche die Zurückzahlung der Banknoten nötig machte, wenn das Metallgeld infolge ungünstiger Wechselkurse ins Ausland abfloß.

Diese zentrale, das Geld- und Zahlungswesen der Kolonien, wenn nicht beherrschende, so doch maßgebend beeinflussende Stellung der Kolonialbanken, darf nicht übergangen werden, wenn wir von ihnen ein vollständiges Bild bekommen wollen.

Zu den Aufgaben der Kolonialbanken, die ihren Sitz in Paris haben, gehört es auch, die einheimischen Kapitalien zu kolonialen Unternehmungen heranzuziehen; die Banken vermitteln dadurch zwischen dem heimischen Kapital und der kolonialen Arbeit. Diese Tätigkeit ist ebenso wichtig für die Kolonien wie bedeutsam und charakteristisch für die Kolonialbanken. Sie besteht nicht nur darin, daß die auf ihre Aktien gemachten Einzahlungen sowie die in Paris eingezahlten Depositen zu den kolonialen Geschäften der Banken verwendet werden, die Kolonialbanken bringen auch die Aktien und Obligationen von Kolonialgesellschaften oder Kolonialregierungen auf dem heimischen Geldmarkte unter oder beteiligen sich selbst an Unternehmungen, welche die Erschließung der Kolonie zum Zweck haben. Schließlich sind in diesem Zusammenhange noch die verschiedenen Dienstleistungen der Banken für den Staat oder die kolonialen Regierungen zu erwähnen.

§ 37.

DIE VEREINIGUNG VON AGRAR- UND HANDELSBANK.

Noch zu wenig hervorgehoben ist die merkwürdige Tatsache, daß die Kolonialbanken Handels- und Agrarbanken zugleich sind. Während in den kultivierten Staaten das Bestreben nach Spezialisierung und Arbeitsteilung im Bankgewerbe vorherrscht und wenigstens die Trennung in Banken des Agrarkredits und in solche für Handel und Industrie durchgeführt ist, finden wir bei den Kolonialbanken alle verschiedenen Bankformen: Agrarbank, Depositenbank, Notenbank, Diskont- und Wechselbank, Pfandleihbank, Sparbank, Emissionsbank.... in einem Bankinstitute vereinigt.

Die geringe wirtschaftliche Entwickelung der Kolonien bot wenigstens bei Gründung der Kolonialbanken nicht Raum und

Beschäftigung genug für mehrere Spezialbanken. So mußte denn eine Kolonialbank die Aufgaben verschiedener Banken gleichzeitig zu erfüllen suchen. Das ging nicht ohne Schwierigkeiten ab. Wir erwähnen hier nur das Faktum, daß mit Rücksicht auf die agrarischen Kunden der Bank die Verfallzeit der Wechsel auf 4 Monate erhöht werden mußte. Desgleichen erinnern wir wieder kurz an den Sparkassencharakter der Darlehen auf Gegenstände von Gold, Silber, Kupfer und auf Edelsteine. Am deutlichsten zeigten sich die Folgen der mangelnden Arbeitsteilung im kolonialen Bankgewerbe in dem Mißverhältnis, welches zwischen den Aktiv- und Passivgeschäften der Banken besteht. Die Kolonialbanken verfügen abgesehen von ihrem Grundkapital nur über täglich fällige Kapitalien, die sie, sei es durch die Notenausgabe, sei es in Form von Depositengeldern, erhalten haben. Die Bank leiht dagegen die so erhaltenen Kapitalien auf 4, 6, ja 8 Monate aus. Dieser Zustand ist bezeichnend für die Kolonialbanken, und zwar um so mehr, als bislang noch kein praktischer Versuch gemacht wurde, diese Unstimmigkeit, ja diese Gefahr für die Banken zu beseitigen. An theoretischen Vorschlägen hat es ja nicht gefehlt.

§ 38.

DER SPEKULATIONSCHARAKTER DER KOLONIALBANKEN.

Das Mißverhältnis zwischen Aktiv- und Passivgeschäften der Kolonialbanken weist uns direkt auf ihren Spekulationscharakter hin.

1. Die Kolonialbanken hoffen oder spekulieren darauf, daß nicht alle ihre Gläubiger, sondern vielleicht nur ein Drittel von ihnen ihre fälligen Forderungen sofort zurückbezahlt verlangen; ja noch mehr, sie erwarten, daß im Durchschnitt die Einlagen mindestens 4 Monate in der Hand der Bank belassen und nicht eher zurückgezogen werden. Geschähe es doch, so wäre der Ruin der Bank da.

2. Es gibt noch andere Zeichen für den aleatorischen Charakter der Kolonialbanken. Wir nennen zunächst: ihre direkte Abhängigkeit von Naturereignissen und Umständen, die außerhalb der menschlichen Einflußsphäre liegen. Was diese direkte Abhängigkeit bedeutet, läßt sich ermessen, wenn man an die häufigen Wirbelstürme, Zyklone, Orkane und Erdbeben in den Kolonien denkt. Sie zeigt sich bei allen Geschäften der Kolonialbanken, tritt aber besonders stark hervor bei den Warenlombarddarlehen und vor allem bei den Erntedarlehen. Wie aleatorisch diese sind, ergibt die Tatsache, daß durch das im Bereich der Möglichkeit liegende Zusammenwirken zweier Faktoren (einer schlechten Ernte und eines Preissturzes) das Beleihungsobjekt $^1/_2$ bis $^2/_3$ seines Werts verlieren kann. Auch dadurch, daß die Kolonialbanken nur 2 Unterschriften beim Diskont verlangen, wird ihre Abhängigkeit von den Konjunkturen verstärkt. Der Produzent präsentiert der Bank direkt den Wechsel seines Konsumenten ohne Vermittlung eines Privatbankiers. Alle Handelskrisen wirken deshalb direkt auf die Bank; sie muß den Ansturm aushalten, da keine dritte Unterschrift sie dagegen schützt.

3. Ein großes Risiko erwächst den Kolonialbanken aus verschiedenen Geschäften nur deshalb, weil es in den Kolonien fast gar keine Versicherungsgesellschaften, speziell nicht solche gegen Erdbeben und Feuersgefahr gibt.

Oft war das geringe wirtschaftliche Verständnis der Eingeborenen für die Bank eine Quelle von Verlusten. Denn nicht jede Nichtzahlung einer Schuld beruhte auf Unvermögen oder schlechtem Willen, sondern oft nur auf Unkenntnis von der Bedeutung einer Wechsel- oder Darlehensverpflichtung.

4. Dem Spekulationscharakter der Kolonialbanken entspricht die Höhe des Leihzinses in den Kolonien, ebenso die außerordentlich schwankenden Ergebnisse, wie wir sie besonders bei den 5 alten Kolonialbanken feststellen konnten. Sie treten dort deutlicher zutage als z. B. bei der Bank von Indochina, weil jene Banken nicht wie die Bank von Indochina den Brauch befolgen, durch Zurückhaltung eines Teils des Gewinnes in

guten Jahren sich die Mittel zu verschaffen, um den mageren Gewinn schlechter Jahre zu vermehren und dadurch die Dividenden guter und schlechter Jahre auszugleichen.

Der stark wechselnde Metallbestand machte den Kolonialbanken ständige Sorge. Er war teilweise nur die Folge eines sehr ungleichmäßigen Geldbedarfs der Kolonie, wie er allen Agrarländern eigen ist; zum Teil wurde er hervorgerufen durch die oft abnormen Geldverhältnisse, die wir besonders in den Zuckerkolonien kennen lernten. Überall bildete aber der Wechselkurs eine Bedrohung des Metallbestandes der Bank und zugleich eine Ursache starker Kursverluste.

5. Verluste erwuchsen den Kolonialbanken besonders dann, wenn sie in einem Konflikte zwischen ihren eigenen Interessen und denen der Kolonie letzteren folgten. Eine gewöhnliche Bank darf und wird unter gegebenen Umständen die Bedürfnisse des Verkehrs und Handels ihren eigenen Interessen und vor allem ihrer eigenen Sicherheit unterordnen. Nicht so eine Kolonialbank, die dem Handel seine Wechsel diskontieren und dem Pflanzer die benötigten Vorschüsse liefern s o l l. Die Kolonialbank muß zu diesem Zwecke die Rücksicht auf die Einlösbarkeit ihrer Noten vereinigen mit den Bedürfnissen der kolonialen Volkswirtschaft. Daß hieraus, besonders bei abnormen Geldverhältnissen, den Kolonialbanken fortwährend schwere Gefahren drohen, liegt auf der Hand.

6. Auch die Beteiligung der Kolonialbanken an Emissionen und an finanziellen, kommerziellen oder industriellen Unternehmungen verrät ihren spekulativen Charakter, desgleichen ihr Handel mit Silber.[1])

Obgleich das Gesagte genügt, um den Spekulationscharakter der Kolonialbanken zu erweisen, so sei noch darauf hingewiesen, daß gerade das große Risiko des kolonialen Kredits das private Kapital von einer Kolonialbankunternehmung abgeschreckt hat, so daß der französische Staat die Gründung von Kolonialbanken in die Hand nehmen mußte. Wo Private sich dennoch zur selbständigen Gründung einer Kolonialbank entschlossen, wie

[1]) Vergl. oben S. 56.

z. B. in Indochina, da taten sie es nur unter der Bedingung, daß ihnen als Entgelt für ihr außerordentliches Risiko das Notenprivileg verliehen wurde.

Der unleugbare Spekulationscharakter der französischen Kolonialbanken rechtfertigt es, wenn wir sie zu den Spekulationsbanken zählen.

Durch ihr Notenprivileg unterscheiden sie sich von allen Banken, die nicht das Notenausgaberecht haben.

Durch ihren Spekulationscharakter treten sie aber auch zu den gewöhnlichen Notenbanken in einen Gegensatz, der um so größer wird, je mehr Eigentümlichkeiten der oben besprochenen Art die Kolonialbank im Einzelfall aufweist.

Die Kolonialbanken sind also Spekulationsbanken mit Notenprivileg. Sie stehen zwischen den reinen Depositenbanken mit Notenausgaberecht und den reinen Spekulationsbanken. Insofern könnte man die (französischen) Kolonialbanken als eine besondere Art von Banken ansehen. Eins ist dabei aber nicht zu vergessen: die Kolonialbanken sind in ihrem Wesen nur ein Spiegelbild der wirtschaftlichen Verhältnisse, unter denen sie arbeiten. Je primitiver diese Verhältnisse sind, desto mehr wird die Kolonialbank sich von unseren Kontinentalbanken unterscheiden. Je mehr sich die Verhältnisse in der Kolonie den Wirtschaftsbedingungen des Mutterlandes nähern, desto ähnlicher wird auch die Kolonialbank den einheimischen Banken sein.

2. Kapitel.

§ 39.

DIE KOLONIALBANKEN IM VERGLEICH MITEINANDER.

Wenn wir nach diesem Gesichtspunkt die hier besprochenen französischen Kolonialbanken mit Ausnahme der kurzlebigen Bank von Neukaledonien gruppieren, so ergibt sich eine Entwicklungsreihe, die fast bis zur Bank von Frankreich hinführt.

Die untersten Stufen bilden die Banken von Sénégal und Guyane. Beide haben das miteinander gemein, daß sie keine Erntedarlehen und bis 1900 fast gar keine Warendarlehen gewährt haben.

Der eigentliche Agrarkredit blieb ihnen also fremd. Während aber die Bank von Guyane neben ihren Diskontgeschäften durch ihre envois d'or natif Wechselgeschäfte von nicht bedeutender, aber immerhin beachtenswerter Höhe erzielte und ihren Notenumlauf stetig zunehmen sah, blieben die Wechselgeschäfte der Bank von Sénégal unerheblich aus Mangel an Handelsrimessen. Noch geringfügiger als ihre Wechselgeschäfte waren ihre Diskontgeschäfte. Das zeigt, daß die Bank mehr auf dem Außenhandel der Kolonie als auf dem Innenverkehr basierte. Damit steht in Einklang, daß der Kontokorrentverkehr der Bank von Sénégal nur wenig Depositengelder zur Verfügung stellte, und daß der Notenumlauf der Bank oft niedriger war als ihr Metallvorrat. Die Bank von Sénégal stellte unter allen Kolonialbanken die unentwickeltste dar. Die Bank von Guyane weist höhere Geschäftsziffern auf, sowie bessere Ausnutzung ihres Kapitals und deshalb auch höhere Dividenden. Aber bis 1901 stand auch sie auf ziemlich primitiver Stufe. Neben einigen Diskont- und Wechselgeschäften war der Ankauf und die Verwahrung von Rohgold das Hauptgeschäft und fast die einzige Tätigkeit der Bank. Sie erinnerte an den primitiven Typus der ersten Banken des 17. Jahrhunderts in Amsterdam und Hamburg, bei denen die Noten als genauer Gegenwert und mathematischer Warrant des Metallbestandes der Bank angesehen wurde. Auch die Bank von Guyane ist also in ihrer Entwicklung zurückgeblieben; sie ist aber noch stark entwicklungsfähig. Anders verhält es sich mit den 3 Banken der Zuckerkolonien. Die Banken von Guadeloupe und Réunion zeigen ein Überwiegen der Pfanddarlehen über die Diskontgeschäfte mit dem Unterschiede, daß bei der Bank von Guadeloupe die Erntedarlehen, bei der Bank von Réunion die Warendarlehen die Hauptrolle spielen. Im Gegensatz dazu nehmen bei der Bank von Martinique wie bei den nachfolgenden Kolonialbanken unter allen Vorschußgeschäften die Diskontgeschäfte den breitesten Raum ein. Alle drei Banken der Zuckerkolonien scheinen den Höhepunkt ihrer Entwicklung schon erreicht zu haben, wohl infolge der zweifachen Beschränkung, der sie unterliegen, und die räumlicher sowie sachlicher Art ist. Da sie ihren Sitz nicht in Paris haben, können sie nicht das einheimische Kapital kolonialen Unternehmungen dienstbar machen; und ihr eigenes geringes Kapital erlaubt es ihnen nicht, sich an größeren Finanzgeschäften zu beteiligen. Das gerade Gegenteil hiervon gilt für die nächsten 3 Kolonialbanken, bei denen der Übergang von einer kolonialen Lokalbank zu einem großen, verschiedene Länder umspannenden Kolonialbankinstitut vollzogen ist. Die Zahl der Bankstellen ist in dieser Hinsicht ein offenkundiger Fingerzeig.

Die Banken von Westafrika und Indochina sind mit fast gleichen Statuten bedacht, haben auch das Recht zu Erntedarlehen. Beide dürfen Finanzgeschäfte großen Stils machen. Aber das Kapital der Bank von Westafrika ist noch klein und die Bank noch in den ersten Anfängen, wogegen die Bank von Indochina ein glänzend entwickeltes Bankinstitut darstellt, das auf eine mehr als 30jährige Vergangenheit zurückblickt. Nahe verwandt mit ihr ist die Bank von Algerien in bezug auf Größe der Unternehmung, der verfügbaren Mittel und auch der erzielten Erfolge. Doch fehlen der Bank von Algerien die meisten Eigentümlichkeiten, die wir an den Kolonialbanken oben festgestellt haben. Das Bedeutsamste hierbei ist, daß bei der Bank von Algerien die Trennung zwischen Agrar- und Handelsbank rechtlich schon seit Gründung der Bank, tatsächlich aber erst seit 1900 vollzogen ist. Die Bank von Algerien gewährt nur noch handelsmäßigen Kredit, ist also eine reine Handelsbank. Sie berührt sich darin, wie in vielen anderen Punkten, mit der Bank von Frankreich und sondert sich dadurch gleichzeitig von den übrigen Kolonialbanken ab, da das Kennzeichen der Kolonialbanken, ihr Spekulationscharakter, in gleichem Verhältnis wie ihr agrarischer Charakter verschwindet.

Daß auch die Bank von Algerien noch keine Bank von Frankreich im Kleinen darstellt, ist oben schon gesagt.

FSC
www.fsc.org
MIX
Papier | Fördert gute Waldnutzung
FSC® C083411

Kolibri 360 GmbH
Ferdinand-Jühlke-Straße 7
99095 Erfurt, Deutschland
produktsicherheit@kolibri360.de